The DARWIN ECONOMY

Liberty, Competition, and the Common Good

Robert H. Frank

AUTHOR OF THE ECONOMIC NATURALIST

“iHappy投资者”
系列图书项目介绍

世界图书出版广东有限公司
深圳市中资海派文化传播有限公司

合力打造《世界经管学术经典文库》正式面市

《世界经管学术经典文库》从“iHappy 投资者”系列图书拉开大幕。

深圳市中资海派文化传播有限公司与约翰·威立国际出版公司（John Wiley & Sons, Inc.）旗下的 Little Book 系列展开了独家战略合作。约翰·威立出版社不仅是全球历史最悠久、最知名的学术出版商之一，更是世界第一大独立的协会出版商和第三大学术期刊出版商。

而“Little Book”经典投资系列品牌图书作为“iHappy 投资者”主打书目，不仅涵盖了“理论结合实践”的投资策略，更结合欧美投资大师的经典投资理论，突出了未来投资趋势等主题，系列书中的每本书都从不同角度解读了投资获利的奥秘，为读者及广大投资者的投资理财指引明灯。其作者大都为金融投资界享誉盛名的大师级人物，包括“成长股价值投资之父”菲利普·费雪、“指数基金之父”约翰·博格、“华尔街最知名的股票预测者之一”肯·费雪等。

该系列丛书特色鲜明，引领投资潮流，在囊括众多投资经典的同时，也包含很多全球投资新秀的最新投资理念，对国内的投资人和投资机构极具借鉴和指导意义。

中资海派已引进和已出版的该系列图书有：

先锋集团（Vanguard Group）创始人约翰·博格（John Bogle）的《投资稳赚》（*The Little Book of Common Sense Investing*）；

美国晨星公司的证券研究部主管帕特·多尔西（Pat Dorsey）所著的《巴菲特的护城河》（*The Little Book That Builds Wealth*）；

价值投资之父本杰明·格雷厄姆真传弟子克里斯托弗·布朗（Christopher Browne）所著的《价值投资》（*The Little Book of Value Investing*）；

自1980年以来一直从事金融分析和投资通信编辑的路易斯·纳维里尔（Louis Navellier）的畅销书《怎样选择成长股》（*The Little Book That Makes You Rich*）等。

中资海派已引进和即将出版的该系列图书有：

The Little Book of Value Investing by Christopher Browne

The Little Book That Makes You Rich by Louis Navellier

The Little Book That Builds Wealth by Pat Dorsey

The Little Book That Saves Your Assets by David M. Darst

The Little Book of Main Street Money by Jonathan Clements

The Little Book of Safe Money by Jason Zweig

The Little Book of Behavioral Investing by James Montier

The Little Book of Big Dividends by Charles B. Carlson

The Little Book of Bulletproof Investing by Ben Stein and Phil DeMuth

The Little Book of Commodity Investing by John R. Stephenson

The Little Book of Currency Trading by Kathy Lien

The Little Book of Stock Market Profits by Mitch Zacks

The Little Book of Big Profits from Small Stocks by Hilary Kramer

The Little Book of Trading by Michael W. Covel

The Little Book of Alternative Investments by Ben Stein and Phil DeMuth

The Little Book of Emerging Markets by Mark Mobius

The Little Book of Hedge Funds by Anthony Scaramucci

The Little Book of the Shrinking Dollar by Addison Wiggin

The Little Book of Bull's Eye Investing by John Mauldin

The Little Book of Market Myths by Ken Fisher and Lara Hoffmans

The Little Book That Still Beats the Market by Joel Greenblatt

The Little Book of Bull Moves by Peter D. Schiff

The Little Book of Economics by Greg Ip

The Little Book of Sideways Markets by Vitaliy N. Katsenelson

The Little Book of Valuation by Aswath Damodaran

为了适应市场发展要求，中资海派成立了“iHappy 投资者”系列图书编审委员会，诚邀国内相关领域的权威、专业人士，拨冗推荐该系列图书，并在编辑加工图书的过程中提出宝贵意见。

达尔文经济学

自由、竞争和公共利益如何兼得？

〔美〕罗伯特·H. 弗兰克（Robert H. Frank） ◎ 著

谢朝斌 刘寅龙 ◎ 译

中国出版集团

世界图书出版公司

广州 北京 上海 西安

图书在版编目（CIP）数据

达尔文经济学 /（美）弗兰克 (Frank, R. H.) 著；谢朝斌，刘寅龙译 . —广州：世界图书出版广东有限公司，2013.4

书名原文：The darwin economy：liberty competition, and the common good

ISBN 978-7-5100-5945-2

Ⅰ．①达… Ⅱ．①弗…②谢…③刘… Ⅲ．①经济学－通俗读物 Ⅳ．① F0-49

中国版本图书馆 CIP 数据核字（2013）第 075342 号

版权登记号 图字：19-2013-020

达尔文经济学

策　　划：中资海派
执行策划：黄　河　桂　林
责任编辑：张立琼　韩海霞
责任技编：刘上锦
特约编辑：乔明邦　董莹雪
版式设计：王　芳　邱燕娴
封面设计：红杉林文化
出版发行：世界图书出版广东有限公司
（广州市新港西路大江冲 25 号　　邮政编码：510300）
电　　话：020-84451013
http：//www.gdst.com.cn　E-mail: pub @gdst.com.cn
印　　刷：深圳市鹰达印刷包装有限公司
经　　销：各地新华书店
开　　本：787mm × 1092mm　1/16
印　　张：16
字　　数：222 千
版　　次：2013 年 7 月第 1 版
印　　次：2013 年 8 月第 2 次印刷
书　　号：ISBN 978-7-5100-5945-2 / F·0100
定　　价：48.00 元

如发现印装质量问题影响阅读，请与承印厂联系退换。

致中国读者信

THE DARWIN ECONOMY

I'm excited by THE DARWIN ECONOMY's publication in China because I believe the book offers a framework for thinking more clearly about the difficult choices that arise when individual and collective interests are in conflict.

Robert H. Frank
Ithaca, New York

致中国读者信

《达尔文经济学》在中国出版，我感到非常激动，本书给读者提供了一个全新的思维框架，帮助大家在遇到个体利益与集体利益冲突时，得以更加清晰准确地思考与应对。

罗伯特·H. 弗兰克（Robert H. Frank）

事实上，如果不能更清醒地认识到我们是生活在达尔文描述的世界里，而非斯密描述的世界里，将导致我们的处境更加危险，因为单纯的竞争不可能解决我们面临的所有问题。

全美最有趣的经济学课堂主讲教授

罗伯特 · H. 弗兰克（Robert H. Frank）

推荐序 I

THE DARWIN ECONOMY

梁小民

著名经济学家

清华大学 EMBA 教授

经济学家解释进化论

达尔文在《物种起源》中建立的进化论不仅影响了生物学，而且影响了经济学，乃至整个社会科学。

马克思称赞进化论，据说他曾写信给达尔文，要把《资本论》第一卷献给他，但这封信并未找到。马克思去世后，恩格斯把马克思称为“经济学中的达尔文”。英国经济学家马歇尔在他影响几代人的《经济学原理》的扉页上引用了达尔文的“自然界没有突变”。更多的经济学家用达尔文的自然选择和生物界的生存竞争来解释经济中的竞争。由此，还形成了在社会科学中影响甚大的“社会达尔文主义”。

最近，达尔文又受到关注了。写过《牛奶可乐经济学》等超级畅销书的美国经济学家罗伯特·弗兰克出版了《达尔文经济学》。

如果说许多经济学家用达尔文的进化论来解释经济中的自由竞争、胜者为王，并证明自由放任有利于社会进步，总之是在支持并深化亚当·斯密的思想。那么，罗伯特·弗兰克的《达尔文经济学》则是反对这些思想，力图用“达尔文来代替亚当·斯密”。在他看来，达尔文对竞争的理解比斯密更为透彻和准确，因此经济学的鼻祖应该是达尔文，而不是斯密。

斯密思想的核心是承认人是利己的“经济人”，在竞争的体系中通过“看不见的手”的自然调节以利于社会利益，由此得出的结论就是自由放任市场，把国家干预减至最少。这种思想得到广泛认可，并成为经济学的基础。尽管在主张国家干预的凯恩斯主义出现之后，以这种思想为基础的自由主义经济学不再一枝独秀，但自由主义经济学仍然是主流经济学。

罗伯特·弗兰克则认为这种思想是危险的，我们仍应该回到达尔文理论，从其思想中寻找经济学的基础。在弗兰克看来，达尔文的核心观点之一是“自然选择偏好的特性与行为主要取决于个体生物，而不是群体”。在一种情况下，即个体利益和群体利益出现重合，就会出现斯密“看不见的手”所预期的结果。在另一种情况下，个体利益会对群体利益造成危害，从而损害整个群体的利益，甚至使群体灭亡。弗兰克举了许多例子来证明这一点。正因为个体的行为与群体利益不一致，所以自由竞争并不能创造出一个完美的世界。在政策领域，解决这个问题的方法就是加强干预，限制损害他人和整体的自由行为。这包括管制、征税、惩罚有害于他人和整体的个人行为。

弗兰克的这本《达尔文经济学》得到诺奖获得者托马斯·谢林、罗伯特·索洛、著名的社会学家和政治学家弗朗西斯·福山、经济学家威廉·鲍莫尔、丹·艾瑞里等人的盛赞。读完全书之后，我感到，这本书的确有新观点，别具一格，也有许多启发。对作者强调加强国家干预的观点，我不敢认同。尤其当前在我国，不是市场竞争多了，国家干预少了，而是市场竞争仍不充分，国家干预仍太多。正如“十八大”报告中指出的，我国深化改革的中心仍在政府，要扩大市场竞争的作用，减少政府的权力和干预。当然，作者在书中指出的竞争引起的问题，仍然值得我们重视。因此，读读这本书还是十分有益的。

于 2013 年 2 月 25 日

推荐序II

THE DARWIN ECONOMY

时寒冰

知名财经评论员

畅销书《时寒冰说：欧债真相警示中国》作者

以大智慧洞悉世界

任何学问一旦过分偏离基本常识，就容易误入歧途。遗憾的是，很少有人能够认清这一点，更遑论清楚地指出谬误了。从这个意义上来说，我们要特别感谢像罗伯特·弗兰克这样的经济学家，他指出了很多流传已久，早已深入人心的谬误。

亚当·斯密提出的“经济人假设”，是西方主流经济学最核心的概念之一。他认为，“只考虑自己安全和自己所得”的经济人“由一只看不见的手引导着……在追求他自身利益的过程中，往往能够更加有效地促进社会的公共利益”。人们在推崇亚当·斯密这一高度理想化的“经济人假设”并将其运用于经济研究、经济决策时，却往往忽略了一个很重要的常识：“经济人假设”只是一个假设而已，而按照弗兰克的的说法，“看不见的手”迟早也将“变成一个特例”。

诺贝尔经济学奖获得者赫伯特·西蒙（Herbert A.Simon）教授认为，人的思维是有限的，人所具有的理性也是有限的，因此，有限理性的人在行为上并不总是追求效用最大化。

于是，行为经济学家揭起反主流的大旗，在挑战传统经济学的过程中，把经济学引向更接近现实生活的领域。行为经济学的诞生与认知心理学密切相关，有趣的是，西蒙作为认知心理学的奠基人之一，既是著名的心理学家，又是著名的经济学家。而弗兰克预言在未来将被视为经济学鼻祖的达尔文，其思想体系又深受经济学家托马斯·马尔萨斯（Thomas Malthus）及大卫·李嘉图（David Ricardo）的影响。

这显得非常有趣。

我一直认为，经济学不应是一门纯粹研究经济的学科，它更应该是一门跨学科的综合性应用学科。因为，鉴于人的复杂性、人的行为的复杂性和市场的复杂性，只有融合多个学科的研究经验，事实真相和相关规律才能被我们更准确、更清晰地认识到。

因此，当你在弗兰克的《达尔文经济学》中，看到他用生物学、心理学等许多领域的有趣例子，来阐述他的观点时，首先是被他的博学折服，其次是被他严密的几乎无懈可击的逻辑性折服。精彩之处并不仅限于此。对于现实一些棘手的问题，他提出了更理性和客观的观点，以及具有针对性的解决方案。

对于美国所面临的财政悬崖难题，共和党和民主党所提出的解决方案针锋相对，相持不下，但他们共同点是在增加税收方面的小心谨慎。尽管执政的民主党在力度上略微大了一些，因为他们认真考虑了民意在增加税收方面的反对力量。

弗兰克认为：对有害行为征税是筹集资金的最优途径，这些资金可用来削减赤字。只有那些认为人们有权侵害他人利益的人才会强调，这种税收会侵害某些人的权利。不过，既然税收会让整个“国民经济蛋糕”越做越大，那些反对的声音自然也就无足轻重了……对于任何一个社会，只要能更清楚地认识各种侵害他人利益的行为，并以更智慧的手段加以制约，政府就会有大把的钞票随之而来。

我非常赞成弗兰克的观点。比如，出台对二氧化碳排放量征税的措施，不仅有利于抑制损害环境和公众利益的行为，也有利于增加税收，解决公共物品生产所需资金，使我们的生存环境和生活环境变得更加美好。当无聊的政客们以拙劣的表演迎合、欺骗民众时，他们倒不如静下心来，倾听一下弗兰克的声音，假设他们能够把弗兰克的观点向民众表达清楚，相信可以推动一些良性制度更好、更快地确立。美国的财政悬崖问题也能及时地得以解决，而不是像现在这样，只能在喋喋不休的争吵声中，不断向后拖延而无计可施。

挑战人们的普遍性的常识误区，不仅需要智慧，也需要莫大的勇气。当面对“反纳税及反政府的忠实拥护者”，弗兰克鲜明地表明态度：“不管成败，我们都应该与之交手”，“如果不当机立断，以最有效方式扭转全球变暖的趋势，我们将深陷熔炉，让自己化为灰烬”。在这种强烈的忧患意识中，我看到了弗兰克作为一名学者的良知和责任。

《达尔文经济学》中的一些结论，有时候会大大出乎人们的意料，尽管很多都是一些基本的，却容易被忽略了的常识。比如，削减政府在道路建设和维护方面的预算，表面上看起来似乎节省了资金，而坑洼不平的路面每年给车主带来的损失以及交通事故，折算成资金后将是惊人的。“实际上，如果道路维护被推迟 2 ~ 3 年，维护成本就会增加 1 倍多”。如果“今天在道路维护上花费 1 美元，就可以避免在 3 年后不得不花 3 美元做同样的事情”，我们有什么理由不支持这样的投入呢？但人们往往更容易狭隘地看到眼前的蝇头小利，而忽视了更长远的利益，进而作出错误的判断和选择。

《达尔文经济学》最吸引人的地方在于，弗兰克先生把达尔文的思想应用到经济学当中，并与传统的经济学对比分析，而每次对比的结论都简洁明了：达尔文的思想不仅能够更理性、系统和严密地对经济现象作出解释，而且弥补了传统经济学理论中一些不能自圆其说、脱离现实的缺陷。我相信，达尔文先生当初在阐述他的进化论时，并没有对经济学现象进行如此深入的思考，因此，所谓“达尔文经济学”更应该被认为是弗兰克先生原创性的理论，只是他和达尔文惺惺相惜，在思想方面有太多的共鸣而已。

对于中国读者，《达尔文经济学》打开了一扇更理性学习、运用经济学知识的窗户，可以帮助读者更透彻地了解中国经济和自身生活中所面临的一些问题，并找到更合理的解决方案。当然，这样说显得功利了一点，其实，最重要的是，在阅读的过程中，学会一种全新的思维方式，这将让我们受益终身。

于2013年2月25日

推荐序III

THE DARWIN ECONOMY

郭 凯

哈佛大学经济学博士

畅销书《王二的经济学故事》作者

后危机时代，经济学家的新面孔

我评价一本好书有四个标准：一、能看懂；二、喜欢看；三、看完之后老是想；四、能学到东西。弗兰克的这本《达尔文经济学》毫无疑问达到了这四个标准。

我总觉得对一个好的作者最基本要求就是写的书能让人看懂。这个看似简单的要求对一个写通俗书的作者而言其实并不简单，这要求作者能够对所要表达的事情有异常清晰的领悟，有着高超的语言技巧，要有化难为简的能力，还要善于比喻、类比和举例子，因为只有这样，才能让那些没有任何经济学背景的人读懂你要说的东西。这本《达尔文经济学》就是一本不需要经济学背景，不需要知道谁是斯密、谁是达尔文就能读懂的书。

好书的另一个基本条件就是让人喜欢看。我是学经济学的，喜欢看这本书是情理之中的事情。但这本书的引人入胜之处不在于它谈论的是经济学，而是在于它讨论的现象，举的例子和做的类比。换句话说，你可以把这本书当一本故事书看。

当然，这不仅仅是一本故事书。这本书的主要内容是在试图颠覆我们所知道的主流经济学，或者用作者的话说，最伟大的经济学家不是斯密，而是达尔文。众所周知的是，斯密是现代经济学的鼻祖，而达尔文根本就不是经济学家。这也是我看完这本书后老是想书里内容的原因。我想要回答的问题是：作者说的对吗？我同意他的看法吗？实话实话，我还没有说服自己接受作者的全部观点：我觉得作者并没有颠覆斯密，他也只是借用了达尔文的名字，我更觉得作者过度戏剧化地突出了斯密和达尔文的不同，而没有强调两位的共同之处。但是，我同意不同意作者并不重要。一本书如果让你思考，这本书就成功了，这本书让我思考了。

我不仅思考了，而且确实从这本书里学到了东西。我觉得作者强调的有一点是不错的，斯密认为用“看不见的手”就能解决问题，市场和竞争就能实现资源的最优配置，需要一个非常重要的前提条件，那就是一个人的自利行为并不直接构成对他人的负作用。作者用了各种例子说服了我，人类的很多行为是不满足这一前提的，而且这些例子有理论基础，那就是达尔文的理论。

最后，说一点由这本书想起的事情。最近几年，介绍行为经济学的书越来越多，根据行为经济学制定的政策也越来越多，这恐怕是反映了经济学和经济政策的发展方向。忽略人的行为和行为的心理基础，简单地假设人是理性的，恐怕是过去几十年主流经济学发展的最大失误之一。从某种程度上，2008年爆发的全球金融危机也是一场经济学的危机，因为主流经济学既没能预测这场危机，也很难解释这场危机。在这个意义上，弗兰克预言达尔文会取代斯密成为最伟大的经济学家不算离谱，毕竟这场危机告诉我们，金融市场的竞争并不必然带来最好的结果，所有金融机构都试图做大做强的结果很可能是过度的风险和大而不能倒。

于2013年3月3日

权威推荐

THE DARWIN ECONOMY

N. 格里高利 · 曼昆 (N. Gregory Mankiw)

哈佛大学经济学教授

《达尔文经济学》关于碳酸饮料税的论述相当精彩，这是一个值得大家关注的问题。

托马斯 · 谢林 (Thomas C. Schelling)

2005 年诺贝尔经济学奖获得者

我强烈推荐《达尔文经济学》，这是一本简明扼要、富有说服力并充满睿智的作品。

罗伯特 · 索洛 (Robert Merton Solow)

1987 年诺贝尔经济学奖获得者

弗兰克的书告诉我们，多多观察生活，就会发现有趣的东西，而基础经济学概念会给这些行为和事件以合理的解释。

弗朗西斯 · 福山 (Francis Fukuyama)

美国著名政治经济学家，畅销书《政治秩序的起源》（*The Origins of Political Order*）作者

《达尔文经济学》彻底摆脱了当下时尚理论的束缚，为认识美国目前面对的问题提供了一个全新视角。

威廉 · 鲍莫尔 (William J. Baumol)

纽约大学与普林斯顿大学经济学教授，美国经济学会前主席

在我看来，《达尔文经济学》所传递的信息是理性经济未来的唯一希望。

丹 · 艾瑞里 (Dan Ariely)

超级畅销书《怪诞行为学》（*Predictably Irrational*）作者

对集体行为和税收指出了一个新的思考方式，给了我们一本重要而又恰逢其时的作品。

弗朗斯 · 德 · 瓦尔 (Frans de Waal)

畅销书《移情的时代》（*The Age of Empathy*）和《人类的猿性》（*Our Inner Ape*）作者

竞争更多的是服务于部分而非整体，无论是物种进化还是人类社会都不例外。只有傻子才会眼巴巴地指望那只“看不见的手”。在这本独树一帜但又不乏现实气息的著作中，罗伯特·弗兰克告诉我们，为什么说查尔斯·达尔文对这些问题的剖析比大多数当代经济学家更加深邃，更加犀利。

丹尼 · 罗德里克 (Dani Rodrik)

《全球化悖论》（*The Globalization Paradox*）作者

这本明晰而又触动人心的作品，为现今关于自由社会中政府的角色问题的讨论，主宰我们的那些没有经过大脑思考的口号式言语，提供了一付完美的解药。

大卫·斯隆·威尔森 (David Sloan Wilson)
组约州宾汉姆顿大学生物学、人类学教授,《每个人的进化》(*Evolution for Everyone*)作者

罗伯特·弗兰克果断地预见到,达尔文终将成为名副其实的经济学鼻祖。在阅读了《达尔文经济学》之后,你肯定会希望这个预言尽早成为事实。

马克·克莱曼 (Mark Kleiman)
《当以暴制暴失败时》(*When Brute Force Fails*)作者

人类合作,市场相辅,这是亚当·斯密;人类也竞争,但不仅是为了资源,还有配偶游戏中的相对地位,这是达尔文。将达尔文和亚当·斯密加在一起,便是罗伯特·弗兰克。《达尔文经济学》全书充满了令人叹服的深刻见解。

《洛杉矶时报》

罗伯特·H. 弗兰克的自然选择论比亚当·斯密的"看不见的手"的理论更能解释诸多经济现象。

《英国卫报》

《达尔文经济学》是一本知识性和趣味性兼备的书。它将引导你从与以往不同的角度重新思考经济学。无论您正在教授或学习经济学或进化论,还是仅仅对这些领域感兴趣,都会从此书中汲取到丰富养分。

《伦敦政治经济学院书评》

弗兰克在《达尔文经济学》一书中提出一个大胆的、有说服力的理论视角,重新解读自由竞争的本质与自由市场。

《纽约时报》

《达尔文经济学》书中的观点简洁，洞察力深邃。现代经济社会不再像斯密的现代追随者们所想的那样缺乏效率，而且许多经济问题可以相对更加容易地改善。有朝一日，这种简单的真理将不证自明。但是在那之前，竞争造成的浪费将继续让每个人付出巨大的代价。

英国广播电台（BBC）

弗兰克认为，斯密的“看不见的手”精准地指出竞争的优势，达尔文则更深入地描述了个体间通过竞争追求自身利益时，却牺牲了集体利益。弗兰克还认为这个观点不仅适用于动物王国，也一样适用于人类经济社会。

《华盛顿邮报》

弗兰克不是一位学术型经济学家。他主张经济学应该是一门根植于经验和观察的社会科学，而不是以数学为核心的硬科学。他的这本书把经济学从数学中解脱出来，并为其在人们——无论是消费者、投资商还是企业家——的日常生活中生根发芽提供了无限的能量。弗兰克在《达尔文经济学》中指出，在经济紧缩时期，最好的方法是通过削减政府奢侈性开支减少财政赤字。

《上海证券报》

《达尔文经济学》一书中所提出的观点说明，达尔文的很多关于生物学的观点也同样适用于人类社会。

目 录

THE DARWIN ECONOMY

美国在“财政悬崖”边缘徘徊着；中国经济面临着“冰与火”的考验；日本在经济泥沼中挣扎，绝望之时，他是否会狗急跳墙……这一切仅仅源于自由竞争市场吗？

“看不见的手”遭遇几百年来未曾有过的挑战，理性人的选择为何越来越偏离理性？

达尔文可以取代斯密吗？

作为经济学的一个新兴分支，行为经济学在过去几十年里的发展可谓势不可挡。该领域的学者将经济学和心理学融为一体，而他们最关注的则是人类判断与决策过程中的系统性偏差。正像斯坦福大学已故心理学教授、行为经济学奠基人阿莫斯·特沃斯基（Amos Tversky）经常说的那样："别人研究的是人工智能。我呢？我研究的是人性的愚蠢。"

20世纪80年代初，我开始正式讲授"行为经济学"课程。当时还很少有人听说过这门新兴学科，为了吸引更多学生报名听课，我面对的第一个挑战就是给这门课程杜撰出一个标新立异的名称。最终，我决定把这门课称作"抛弃理性选择"（Departures from rational choice）。很自然，当时的行为经济学课程还找不到任何标准讲义。经过再三思考，我决定把全部课程内容归属于如下两个标题："有悔偏离理性选择"（Departures from rational choice with regret）和"无悔偏离理性选择"(Departures from rational choice without regret)。

关于第一个标题"有悔偏离理性选择"，我列举了人们容易犯的多种系统性认知错误。例如，尽管标准的理性选择模型认为人们会忽略沉没成本，即在作出决策时已发生且无法补偿的成本，但这种成本却往往以明显的方式影响我们的决策。

假设你正打算离开家到 50 英里（约 80.47 公里）以外的地方去看一场体育比赛或者音乐会，就在此时，一场意外的大雪不期而至。如果你手里的门票不能退款，那么，你最终是否会开车出发，就不再取决于门票的价格了。

不过，和一个拿免费门票的球迷或是音乐迷相比，一个同样痴迷并且为这张门票掏了 100 美元的人，显然更有可能顶着大雪，冒险前去助阵。后者或许就会遭遇认知失误。通常，一旦人们意识到自己的决策是建立在这种偏差基础之上，他们就可能会感到后悔。

"无悔偏离理性选择"，则是指当事人对偏离标准理性选择模型的后果不会后悔。

"最后通牒博弈"（Ultimatum game）中动议者提出单边倒策略。在这个博弈中，实验者交给其中的一个实验对象一笔钱，比如 100 美元，然后让他提出一个在自己与另一实验对象之间分配这笔钱的比例。如果后者接受前者的提议，双方就可以按这个比例分到钱。

比如说，第一个人提议"我拿 60 美元，你拿 40 美元"，后者接受，两人都会有所收获；但是，也有可能出现一种令人纠结的结果：后者拒绝前者的提议，这 100 美元由实验者收回，双方都会空手而归。

按照标准的理性选择模型，前者将提出单边倒的分配方案，譬如自己拿到 99 美元，对方只拿到 1 美元，因为他知道，只要有所收获，就总比一无所获更符合对方的利益。但人们很少会作出这样的提议，即使有人提出，也会毫无例外地遭到拒绝。而且，拒绝这种一边倒式提议的对象很少对自己的决定表示后悔。

我的康奈尔大学前同事迪克·塞勒（Dick Thaler）与凯斯·桑斯坦（Cass Sunstein）在2008年合著了《助推：事关健康、财富与快乐的最佳选择》（*Nudge: Improving Decisions About Health, Wealth, and Happiness*）一书，在这本轰动全球的畅销书中，他们罗列了这种认知失误导致人们误入歧途的诸多方式，以及政策制定者如何构建更有利于提高决策质量的环境。他们在书中提出的每个观点和建议都让我深受启发。

但自始至终，我都坚信无悔偏离理性选择会带来巨大的社会成本。原因很简单，某个人一旦认识到自身存在认知失误，他就有主动改变行为的愿望，而且也有这方面的能力。相对而言，其他人没有办法，也没有动机改变这些并不令他们感觉后悔的行为，即使这种行为会带来巨大的社会成本。

再回到我们的假设：按照理性选择模型设定的标准，任何事物带来的满足感，最终都取决于它的绝对质量。但一套职业装所带来的效用显然不是这样。假设几个条件基本相近的求职者竞聘一家投资银行的同一个岗位，而你就是其中之一。毫无疑问，在参加面试时仪表得体、穿着恰当，肯定会帮助你取得更好的成绩。仪表得体是相对而言的，就是说你的仪表比其他求职者更得体；假如你在面试中身穿价值2 000美元的职业装，而其他应聘者的套装只有500美元，那么，面试官对你的第一印象有可能更好，你也更有优势。

当个体的优劣取决于他在同类中的相对排位时，亚当·斯密“看不见的手”理论中对有效性的一切论断都将黯然失色。这个规律不仅适用于面试，任何时刻都概莫能外。尽管斯密的很多当代信徒依旧斗志昂扬，但现实让他们大失所望：不受管制的市场力量已无力引导自利的个体行为服务社会公共物品。相反，独具慧眼的自然学家查尔斯·达尔文却告诉我们，个体利益往往会招致“军备竞赛”的巨大浪费。

比如，达尔文认为，雌孔雀偏爱在开屏时更漂亮的雄孔雀，因为在雌孔雀看来，雄孔雀漂亮的尾羽是一个强烈的信号，表明它拥有更强健的免疫系统，而且可以把这种能力遗传给后代（由于代谢方面的原因，身上携带大量寄生虫的雄孔雀很难支撑较长的彩色尾羽。——译者注）。但达尔文也发现，漂亮且炫耀的尾部羽毛会让雄孔雀更容易招来捕猎者，因此在物种生存角度上是多余的。假如所有雄孔雀的尾羽都减小为原来的一半，那么，每只雄孔雀都可以像原来那样吸引同一只雌孔雀，而且每只雄孔雀招致天敌袭击的概率也比原来小多了。但任何一只孔雀都不会因为拥有漂亮的尾羽而后悔，如果开屏不够漂亮，它们求偶成功的机会就会大为缩小。同样，如果所有求职者都选择2 000美元的服装，他们获取预期职位的可能性自然不会高于全部选择200美元套装时的概率。但任何人都不会因为选择了更贵的服装而后悔。

和“军备竞赛”一样，这些都属于所谓的“集体行为”，这些行为与认知失误没有任何关系。人们为求职而购买昂贵服装，与国家在军事装备上的过度开支，都出于同样的原因。由此，在独立行动的前提下，任何人或者任何国家都不会因为减少开支而获利。

相比之下，在个体因认知失误而遭受损失时，他们既不缺乏减少损失的动机，也不缺少降低这种损失的能力。比如说，他们可以寻求更多的附加信息，或是利用专业人员为他们提供建议。他们可以通过签订契约减少自己犯这种错误的可能性。

集体行为问题招致的损失不仅是个体难以弥补的，也远远超过认知失误造成的损失。通过对税收政策实施非干预性的变革，即可消除集体行为问题招致的很多重大损失。在此过程中，我将继续坚持自己的预言：百年之后，经济学家更有可能将查尔斯·达尔文视为经济学的鼻祖，而不再是亚当·斯密。

第1章

双重失灵

政府与市场同时瘫痪

Double-Failure

美国在“财政悬崖”边缘徘徊着；中国经济面临着“冰与火”的考验；日本在经济泥沼中挣扎着，绝望之时，他是否会狗急跳墙……

这一切仅仅源于自由竞争市场吗？“看不见的手”遭遇几百年来未曾有过的挑战，理性人的选择为何越来越偏离理性？

回忆过去的时候，我们总会带着无穷无尽的留恋，并不自觉地放大了昔日的美好。尽管有些时候，我们现在的生活比过去更美好。“二战”结束后的30年间，美国居民收入持续快速增长，且年均收入增长率达到3%。从此，美国拥有了一个在经济上充满活力的中产阶级。在那个年代，公路和桥梁得到良好的维护保养，且每年都开工建设许多重大基础设施；更令我们欢欣鼓舞的是约翰·肯尼迪总统带给美国人的一句名言，“**不要问你的祖国能为你做些什么，问一问你能为她做些什么**”。我们坚信，美国人必将在登月竞赛中胜利。那时，美国人多么乐观。

昔日的流金岁月已风光不再。在随后的几十年里，美国经济陷入了超低速增长泥潭，只有处于收入金字塔最顶端的人，才能保持有效的收入增长。比如说，美国大公司CEO们的薪金增长了10倍，而他们员工的小时工资在扣除通胀因素后却在下降。此时，中产阶级已负债累累。

尽管美国上下对高速铁路和智能电网的需求近乎饥渴，但这些设施的新建提议一再遭到国会的否决。现有道路、桥梁等基础设施日趋老化，亟待修缮。无论穷人还是富人，都要忍受颠簸起伏的道路和危机四伏的桥梁。给水网络和排污系统则时不时地罢工，无数校舍破烂不堪，甚至摇摇欲坠。基础设施投资被大幅削减，资金被挪用到监控前苏联遗留下的散落在世界各地的核原料项目上。

美国的政治体制近乎瘫痪，还要面对众多迫在眉睫的问题。对于主宰人们行为的基本事实或逻辑的无端忽视，似乎是瘫痪的根源。2008 年金融危机导致大规模失业，而我们几乎找不到有效对策，就是一个明显的例证。

约翰·梅纳德·凯恩斯（John Maynard Keynes）在“大萧条”时期送给我们这样的教诲：**深陷衰退的经济体极少能迅速自我痊愈**。消费者不可能引领经济复苏，因为他们不仅债务缠身，还要为了保住饭碗而提心吊胆；企业也无法引领经济复苏，因为大多数企业产能过剩。凯恩斯得出如下结论：政府是唯一既有能力又有动机刺激消费、恢复就业、引领经济复苏的角色。

迅速蔓延的失业使经济就像一架已经飞在天上、仅搭载着几位乘客的飞机，两者都已彻底丧失了创造价值的机会。为何不能采取一些措施避免这样的浪费，没有人能说得清其中的原因。经济刺激计划的反对者会斥责政府浪费开支，尽管很多常规项目还在嗷嗷待哺。比如说，美国内华达州交通署（Nevada Department of Transportation）提供的资料显示，80 号州际公路上有一段 10 英里（约 16.1 公里）长的路段破损严重，现在维修的成本约为 600 万美元；如果两年后维修，气候和过往车辆会对路基造成更严重的损坏，维修成本可能高达 3 000 万美元。

随着全球经济陷入极度萧条，原材料价格大幅下滑，工人和机器设备被闲置不用。与此同时，项目所需资金的利率也降至史上新低。这些事情应该马上引起注意，但政府却默不作声。

刺激计划的反对者以担心赤字为由为政府的不作为辩解，但赤字属于长期问题。任何人都不会赞成我们把维护基础设施的计划无限期推迟下去。现在实施意味着更低的成本，还可以降低远期赤字。赤字问题亟待解决，但这需要在经济完全复苏后再做。

2010 年，为美国富人减税的法案到期时，曾经以赤字为由反对经济刺激计划的领袖们，却对赤字只字不提。因为很多富人口袋里的钱，早就多得一辈子也花不完，继续实行减税对经济几乎没有刺激作用。反之，让这些减税法案自动过期，或许可以把腾出来的收入用到更有效的刺激性措施上，譬如有些州原本打算大量解聘教师、警察或消防队员。不过，恰如参议员少数派领袖米奇·麦康奈尔（Mitch McConnell）在接受美国有线电视新闻网（CNN）采访时不无讽刺地说的，“在复苏过程中，加税可不是个好主意”。

人类社会正面临着一个不很紧急但又束手无策的难题：尽管科学界对全球变暖的预测愈加悲观，我们的政治机制非但熟视无睹，甚至有些抵触。气候变化怀疑论者经常以基础科学本身不精确为由来掩饰他们的不作为，但那些最优秀的科学家早已心知肚明，他们敢于承认科学研究的不确定性，况且这正是科学研究的本性。尽管监测到的温度上升速率低于预期（实际上可能更快），但即使是这样的上升也足以带来灾难性的后果。

例如，根据麻省理工大学建立的全球系统一体化模型（Integrated Global Systems Model）预测，地球表面平均温度到 2095 年上升超过 10 摄氏度的概率为 10%。如果这一情况真的发生，我们所知的地球生命体将彻底消失。通过对二氧化碳排放量征税之类的简单政策，就有可能消除这样的威胁。假如我们能循序渐进地引入类似政策，就可以在无需付出更多代价的前提下顺利实施。

任何理性的政治体制都应以尽快解决这个问题为首要任务。但圆滑老练的国会观察员们却貌似无辜地告诉大家，要让美国议会马上通过任何实质性的气候法案几乎是不可能的。他们认为，这样的法案在政治上是难以想象的。

我们到底是怎样沦落到这一步的？

尽管一面之词不足以取信，但我们决不能因此而低估民意的重要性，尤其是在过去 30 年里已深入民心的一个观念：政府是一切疾患之源。那些一直对政府滥用职权心有余悸的自由主义人士，始终是这种观念的积极倡导者。尽管与自由党有直接关系的人在数量上十分有限，但他们对公众言论的影响力却令人生畏，而且还在与日俱增。

在很大程度上，这种影响力源于他们在宣传"政府本身就是问题根源"这一观念上不惜血本。比如说，简·迈耶（Jane Mayer）曾在《纽约客》发表了一篇数万字的文章，这篇文章很快便得到广泛关注并被大量引用。迈耶在这篇文章中披露，最近几年，科氏工业集团（Koch Industries）两大股东查尔斯·科克（Charles Koch）与大卫·科克（David Koch）已向极右派智库（Far-right-wing Think Tanks）、茶党（Tea Party）成员及其他宣传上述观念的派别捐款超过 1 亿美元。

尽管声称以公平和均衡为原则，但鲁伯特·默多克的福克斯新闻频道还是在不遗余力地宣传政府乃万恶之源的思想。而这场浪潮背后的推手就是《匹兹堡先驱评论报》（*Pittsburgh Tribune Review*）的老板、亿万富翁理查德·梅隆·斯凯夫（Richard Mellon Scaife）及其继承人。没有他们的慷慨解囊，右翼智库自然难以掀起如此汹涌的波浪。更早些时候，约翰·奥林基金会（John M. Olin Foundation）已向保守派智库、媒体机构及顶级大学的法律经济学项目提供了近 4 亿美元捐赠，其目的无不是为了宣传这一思想：政府本身就是问题，而自由竞争的市场则是问题的解决方案。

总之，这些投资已成功地在民众间唤起一股势不可挡的怨气。这股民怨让政府疲于应对，又别无选择。自由主义者认为，浪费早已是政府积重难返的陋习，而非一朝一夕形成的。我们或许应该感谢他们让个性自由蜕化，并让滥用公共资金行为昭然天下。政府并非完美，意味着彻底的政策瘫痪，这是一个不争的事实。难道这是大多数美国人想要的吗？毕竟，市场本身也并非完美无缺，很多重要的职责依旧最适合由政府来承担。国防就是一个最明显的例证，公共设施的建设与维护、产权的界定等等同样属于政府的职责范围。

越趋完美的社会，政府在经济、社会生活中的作用就越是突出。那些政府在国民心目中拥有良好形象，并得到国民高度认可的国家，往往也拥有最好的公共物品和公共服务、最低程度的腐败和最高水平的人均收入。相比之下，在那些政府职能极端低下的国家，譬如索马里、海地和苏丹，其市场功能通常也极为滞后，人均收入水平极端低下，犯罪和暴力事件发生率极高，绝大多数国民认为其政府腐败低效。如果只能在新西兰和海地两者之中选其一的话，大多数美国人当然更愿意生活在前者。政府在发挥其应有职能方面的巨大差异并非是他们作出选择的唯一原因，但肯定是非常重要的原因。

许多政府公共项目最适合通过集体方式运作，而这又意味着，政府必须通过征税支付这些项目成本。自由主义者及其他反政府激进派经常谴责强制性纳税，称其为盗窃。假如完全依赖民众自愿捐赠，那么，任何政府都将无所作为。**没有法定税收，就不可能有政府的存在，更不可能有军队，这样的国家迟早有一天会被其他某个拥有军队的国家所侵犯。**但是硝烟散尽之后，民众还得向这个入侵者的政府纳税。

如果民众别无选择，只能接受一个以国家权力强制纳税的政府，那么，政府最好让民众知道这些税收物尽其用。我们必须审慎对待政府机构的设计和监管问题。这就要求政府对公众到底需要什么样的公共服务，以及如何为之提供财务支持展开更加广泛的对话。遗憾的是，政府现在还没有做这件事。

对于美国这个星球上最富饶、拥有最好的教育、劳动生产率最高的国家来说，现实显然不应该是这样的。而摆在我们面前的好消息就是：突破当前瓶颈实际上并不困难。原因很简单，这个瓶颈并不是由完全不可调和的价值差异造成的，而是源于我们对竞争机制的深刻误解。

“看不见的手”不听使唤

毫无疑问，亚当·斯密的“看不见的手”确实开辟了一片全新天地。厂商迫不及待地向市场推出最新款产品或是节约成本的创新，其目的无非是为了抢占市场份额，从竞争对手那里夺取利润。在短期内，他们的策略会如愿以偿。但对手很快开始模仿他们的新产品，竞争在新的起跑线上重新展开，竞争的结果就是价格迅速下降，并最终下降到更低成本均衡点。归根到底，斯密认为消费者是这场竞争中的最终受益者。

但斯密的诸多当代信徒却坚信，他想表达的观点远比这更大胆：市场永远都能让个体利益俯首帖耳地服务于社会整体利益最大化。但斯密本人的说法却谨慎得多。比如说，他曾写道，“趋利性的企业所有者只考虑自己的利益，这是他的本能。因此，在看不见的手的引导下，无论处于什么样的环境，他都会追求一个并非出于其本意的目标。值得强调的是，虽然如此，但也总是有害于社会。”

斯密从不认为这只“看不见的手”在所有环境下都能保证取得好结果。比如说，斯密在《国富论》中曾写道，“同行之间很少聚会，但即使只是娱乐或者消遣性的几次聚会，最终的话题不是拐到阴谋对抗公众，就是抬高价格的伎俩”，这足以彰显他对市场力量的怀疑。

和斯密一样，现代社会对市场机制愈加猛烈的批判，也倾向于把其过失归结为共谋行为（Conspiracy）对竞争的束缚。但是和现在相比，在斯密的那个时代显然更容易对竞争加以限制。随着时间的推移，我们将会越来越清楚地发现，对于这只“看不见的手”来说，真正的挑战恰恰植根于竞争过程本身的基本规律。

查尔斯·达尔文（Charles Darwin）是少数几个最早认清问题根源的人之一。他的核心观点之一就是：自然选择所偏爱的特性与行为主要取决于个体生物，而不是群体。他发现，在一种情况下，个体利益和群体利益出现重合，我们往往就会看到类似于“看不见的手”的结果。例如，基因变异让一只鹰的视力变得更敏锐，这种变异不仅会让这一只鹰受益，而且随着这种变异在整个种群中不可避免地扩散，这个种群都将因此而受益。

在另一种情况下，一种有益于个体的变异却有可能对更大的群体造成伤害。当物种内部不同个体间发生一对一的肉搏战时，如果变异给某一个体带来优势，我们就会看到这样的事情发生。雄性动物的体重就是最好的例子。大多数脊椎动物均为“一夫多妻制”，雄性动物可以同时有多个配偶。然而，当一部分个体拥有多个配偶时，就意味着另一部分个体没有配偶。后者也就无法延续他们的基因，并成为“进化论”中的淘汰对象。因此，雄性动物经常会为了争夺配偶而大打出手。在这场争夺配偶的战斗中，体型发挥着决定性作用，于是，进化史中的“军备竞赛”造就出体型越来越大的雄性个体。

雄海象为什么狂增肥？

海象是一个有点儿极端但却颇具说服力的例子。雄海象的体重通常接近6 000磅（约2 700公斤），几乎是雌海象体重的5倍。在交配季节，雄海象就会捉对厮杀，直至其中一只逃离战场，或是身上血迹斑斑，几乎奄奄一息。胜利者几乎能独霸整个群体中的所有异性，它的家眷甚至可以多达100只。

尽管比对手更庞大的躯体会让一只雄海象更有可能在这种争夺配偶的大战中获胜，但异常硕大的体型也会演变为整个种群的累赘，这让它们成为鲨鱼及其他捕猎者眼中的攻击目标。

假如给它们一个机会，对“所有海象都将体重减小一半”的提议进行投票，雄海象应该毫无异议地都投赞成票。因为决定配偶大战结局的，是不同个体之间的相对体重，而不是绝对体重。因此，这个改变不仅不会影响任何一对雄海象决斗的结果，还能减少每只海象遭到鲨鱼攻击的危险。当然，海象找不到实施这项提议的现实路径。任何一只雄海象都无法单方面解决这个问题，因为一只体重轻于其他同性的海象永远也找不到配偶。

当个体的报酬依赖于相对能力时，在人类的相互活动中也会出现类似冲突。经济学家托马斯·谢林（Thomas Schelling）提出的一个经典案例中体现了这种现象的精髓。

犯规也是竞争优势

如果能自由选择的话，冰球选手都会选择在滑行时不戴头盔。但是，在让他们对比赛中是否需戴头盔进行投票时，他们仍支持必须戴头盔的比赛规则。既然头盔这么有用，运动员为什么还是不愿意戴呢？为什么一定要用规则来约束他们呢？

不戴头盔滑行也是一个小小的竞争优势，这或许可以让运动员看得更清楚，或是听得更清楚，或是可以让他们震慑对手。想到可以轻而易举获得的优势，自然会让“可能因此而受伤”这种含糊而抽象的概念显得无足轻重了。因此，运动员会迫不及待地去承担这份风险。问题的核心在于，如果所有选手在滑行时都不戴头盔，那么任何人都不会获得优势，而这就体现出了规则的作用。

谢林的分析可以让我们逐步认识到，冰球选手面对的问题与信息不完全、缺乏自我克制或是认知能力不足没有任何关系，这些都是人们经常用来支持政府干预的依据，而且这个问题显然也不是出于竞争的缺乏或是无效。相反，这只是一个最简单的“集体行为”问题。选手们之所以赞同戴头盔的规定，是因为只有这样，他们才能在基本安全的环境下比赛。简单的说服根本就无助于解决问题，比如说在更衣室里提醒运动员头盔可以减少遭受重伤的危险。他们需要的是规则。

那么，自由主义者指责强制佩戴头盔的规定剥夺了个人自由选择权，他们意在何处呢？这样的指责无异于认为军备控制协议会剥夺签署方独立决定其军费开支的权利。当然，这也是这种协议的根本目的所在！面对集体行为问题的当事方往往会发现，为了得到自己想要的东西，就得限制自己偏好的行为方式。

约翰·斯图尔特·穆勒（John Stuart Mill）在《论自由》（*On Liberty*）

一书中指出，如果以其他方式均无法限制个人行为对他人造成不合理的伤害，那么，限制这个人的行动自由权即是最合理的方式。冰球运动员在比赛中必须佩戴头盔的规定就符合这个要求。不佩戴头盔的运动员会使对手获胜的几率减少，因而伤害了对手的利益，这样的结果显然是对手无法接受的。如果佩戴头盔的规则会带来更严重的危害，那么，这项规定本身就是不合理的。但这完全是一个简单的行为问题，而不是严格意义上的理论问题。

依赖于相对绩效的劳动报酬也会诱发导致市场失灵的集体行为问题。例如，在达尔文所描述的军备竞赛中导致个体利益与集体利益出现矛盾的障碍，同样可以解释“看不见的手”为什么不能让工作环境自然而然地达到最安全状态。

为什么有些人更愿意从事高风险的工作？

在其他所有因素相同的情况下，一项工作的风险越大，所获得的劳动报酬通常也越高。这种因果关系可以解释为如下：由于未安装安全设备可以为雇主节约一笔费用，因此，雇主有更多的钱可以用作劳动报酬；工人倾向于选择更安全的工作，因此，如果较危险的工作不能支付更高报酬的话，他们就会选择较安全的工作。按照“看不见的手”的规范定义，工人愿意接受危险程度较低、工资报酬较高的工作这一事实表明，额外的报酬就是对他们承担额外风险的补偿。

但这种说法依赖于一个假设：额外收入必须以他所能买到的绝对消费品增量来衡量。但是，当工人得到一份更高的工资时，他们还能享受到另一种重要收益：他不仅能在绝对意义上提高消费水平，还能相对于其他人消费得更多。

比如说，大多数父母都想在可能的条件下把子女送到最优秀的学校。因此，一个工人可能就会决定接受一份危险程度更高、

> 同时工资也更高的工作，因为这能让他们在好学区购买一套房子。但其他工人也会这么想，而且学校的好坏本质上是一个相对概念。于是，假如其他工人也选择以牺牲工作安全性为代价来换取更高的工资，最终的唯一结果就是共同抬高了好学校所在地区的房价。归根到底，每个工人的工作环境都变得不再安全，但每个人都无法兑现他们当初放弃工作安全所追求的目标。如同军备竞赛中，在当事各方都购建更多的武器时，任何一方都和以前一样不安全。

带有这种动机的工人或许更希望看到另一番景象：尽管所有人都只能拿到较低的工资，但所有人都能得到一份更安全的工作。假如某个工人接受了一份较安全的工作，而其他人不接受这份工作，这个工人就只能把孩子送到较差的学校。要得到预期结果，工人就必须采取集体行为。同样，简单的提醒并不能达到这个效果。事实上，仅仅知道个人行为会自行抵消，还不足以消除人们采取这种个人行为的动机。

自由与管制的边界

我还在读高中的时候，第一次读到穆勒的一句话：防止加害于他人是限制个人自由的唯一合法理由。我在当时就极其赞同这句话，今天依旧如此。尽管穆勒并非自由主义者，但自由主义者们却乐此不疲地引用这句经过时间检验的“伤害原则”。不过，按照我的观点，对自由的限制必须是真正的、有足够理由的限制。这种限制的范围远比自由主义者及其他反政府激进派所倡导的范围更为广泛。

实施经济复苏政策的主要反对力量是自由主义者及其他右翼政治势力，因此，我必须审慎对待他们的观点和理由。但是和大多数左翼评论家不同的是，我接受自由主义者对当今世界的首要基本假设：**市场本身是竞争性的，而人是理性的，因此，政府在限制任何个体公民的行为自**

由权之前，必须拥有大量证据。我们有理由接受上述每一个假设，就算我们毫无批判地全盘接受，在自由主义者内部，依旧会发出不同的声音。

这个理论体系的致命缺陷源于其自身的一个无可争议的假设：在现实生活中的很多方面，报酬都不均等，呈曲线分布。比如说，职业网球选手的收入并不取决于他的绝对水平，而是依赖于他在职业巡回赛中相对于他人的成绩。报酬对排名的这种依赖性，彻底推翻了个体利益和集体利益间可以和谐并存的任何假设，而这个假设恰恰是自由主义者宣扬其完全竞争市场体制的根基。

反对派并非是唯一没有认识到市场交换基本规律的群体。很多进步势力也对美国经济和政治制度进行批判，但他们解释这些缺陷的理由，以及他们所提出的最优化解决方案，往往是错误的。

例如，很多左翼批评家把市场失灵归咎于竞争不充分，但问题的关键在于竞争的固有属性。今天的市场远比以往任何时候都更具有竞争性，但事实上不仅没有缩小市场失灵的范围，反而导致市场失灵愈演愈烈。

间接伤害：无奈的兴奋剂

什么行为构成了对他人的伤害？对这个问题的不同回答，能让我和自由主义者朋友们立即分道扬镳。毫无疑问，政府有权制止人们偷窃他人财产，或是对他人实施暴力。这属于显而易见的直接性伤害，但争议的难点在于间接性伤害。

要冠军，还是要身体？

尽管服用合成代谢类固醇的短跑运动员不会对竞争对手的身体健康造成任何直接影响，但依旧会让他付出沉重代价。此时，对手既可以克制自己不服用类固醇而输掉比赛，让自己为此投入的大量时间和精力就此泡汤，也可以以自己的长期健康为代价，通过服用兴奋剂让比赛恢复原有格局。

不管选择哪一种方式，对手的决定要么给自己的身体健康造成更大的伤害，要么输掉比赛。

很多将自己标榜为自由主义者的人坚持认为，短跑运动员有权选择有利于提高比赛成绩的药物。然而，这样的权利为什么就可以凌驾于其他人的权利之上呢？为什么仅仅因为这种伤害是间接的，就可以无视它的危害呢？

我的回答是，要真正体现和运用穆勒的“伤害原则”，就必须考虑间接伤害。我对“伤害他人”这一概念的认识或许会让有些人觉得有点儿不着边际。但我坚信，即使是从自由主义者的立场出发，也难以质疑这样一种定义。假如自由主义者可以选择与任何人共建一个他们喜爱的社会，他们肯定能找到充分的理由，选择那些把间接伤害等同于直接伤害的伙伴；问题在于，间接伤害往往比直接伤害更难于考量。直接伤害在某些情况下同样难于衡量，遇到这种情况时，人们对那种构不成直接伤害的行为是否应被看作间接伤害，往往产生异议。

归根到底，我试图阐明的基本观点就是：假如有人能对“什么行为构成了对他人的伤害”这个问题给出一个确切的定义，现代发达国家的监管体系至少可以在概念上坚持穆勒的“伤害原则”。实际上，这也是该原则的基本要求。

监管，可以让人觉察不到吗？

我们的政治辩论始终受制于很多错误的观念，这就让我们忽略了一些既根本又严重的问题。如果我们放弃这些观念，很多问题或许会迎刃而解。

譬如，不断膨胀的政府赤字并不总是如我们看到的那般难以解决。单纯削减开支本身不足以彻底消除赤字。随着“婴儿潮”一代人陆续退休，很多美国人并不愿意接受大规模削减社会保险和医疗保险的做法。于是，政府就必须额外增加财政收入。这不需要任何个体作出很多牺牲，但却要求国会对现有税制法案进行彻底改革。虽然茶党及其他势力一直在愤愤不平地谴责各种各样的税收，但事实是，很多税收确实让这个国家越来越富有。

对一种行为征税不仅可以创收，还能抑制这种行为。当然，也有人认为，税收会限制经济增长。对有益活动征税确实会阻碍经济增长，但这些税收恰恰是目前税收收入的主要来源。比如说，工资税会限制社会创造就业机会的能力，而对储蓄结余征收的所得税则会限制投资活动。

对有害他人的行为征税同样会限制这种行为。当你开车驶入一条原本就已拥挤不堪的高速公路时，就会增加现有的拥堵程度，从而给其他人造成数千美元的损失（而相对于其他路径，你选择高速公路而节省的时间很可能微不足道）；当你购置一辆重型汽车时，很可能会置他人于危险之中，而一辆轻型汽车实际上就可以满足你的使用要求。

对有害行为的征税可以起到一石二鸟的作用。一方面，可以增加政府收入；另一方面，限制了那些成本远远超过收益的行为。

反政府激进派总是煞有介事地把税收斥责为社会工程，认为他们的目的就在于“控制我们的行为，左右我们的选择，并最终改变我们的生活方式”。例如，以减少对进口石油依赖性为目的的燃油税就一直是他们攻击的对象。

但这完全是毫无依据的指责，因为任何法律法规在本质上都具有社会工程的效应。惩治谋杀和偷盗的法律不就是最好的例子吗？他们的目的就在于控制我们的行为，左右我们的选择，并最终改变我们的生活方式，因而就是社会工程。噪音控制、公路限速甚至是红绿灯和交通信号灯同样具有这种属性。社会工程是我们无法回避的现实，因为任何狭隘的个体利益都有可能对他人造成不可接受的伤害。只有一个彻底的无政府主义者才会喜欢没有社会工程的世界。

既然完全禁止是限制有害行为的可行之道，那么，我们为什么就不能接受出于同样目的的征税呢？实际上，与法律或规范相比，税收限制这种行为的成本更低，而且社会危害性更小。原因很简单，税收强调的核心在于，用更有效率的方式减少个体的有害行为。

例如，排污税能以最低成本减少排污量，排污者会通过减少排放量降低税款；同样，当我们根据汽车自重征税时，使用轻型车即可满足自身要求的购车人，就会选择轻型车。

给他人造成伤害的行为不胜枚举。在我们酒后驾车时，会增加因交通事故而导致他人死亡的概率；吸烟的人会导致他人患上与烟草有关的某些疾病；在我们向大气中排放二氧化碳时，则会增加因气候变化带来的环境破坏。

行人不守交规：在罗马要受罚，在纽约无所谓?

凡是到过曼哈顿的人都知道，此地的行人很少注意红绿灯。只要有机会，他们就会闯红灯穿越马路。而且他们全都当着巡警的面这么做，因为他们知道，虽然法律要求遵守交通规则，可事实上很少有人吃罚单。反之，在罗马，警察照规定给乱穿马路的人开罚单，所以该市闯红灯的人相对较少。这一差异的原因何在呢?

纽约和罗马两地的交通状况，存在一个显著的差异，这一点大概有助于解释执法上的不同。在纽约，基本上所有道路上行驶的都是汽车和卡车。如果行人窜到汽车前面，他很可能会受重伤甚至死亡，但不会给汽车司机造成什么身体伤害；反之，罗马的大多数道路上穿梭着自行车和摩托车。在罗马乱穿马路的行人，伤着自己的可能性比在纽约低，但伤着别人的可能性相对更高。

最后，罚款方法上的差异，似乎和税收政策的差异存在着间接关系。意大利的油价高，汽车税高，街上骑自行车和开摩托的人比纽约多，所以，必须对乱穿马路的人严格执法。

对有害行为多征收 1 元钱的税，就可以减少对有益活动征收 1 元钱的税。由此形成的收入不仅可以减少联邦赤字，还能减少高度累进性的工资税。毫无疑问，减少联邦赤字和工资税不仅可以刺激就业，还能帮助低收入家庭享受对有害行为征收的税负。

当然，我们还需尽可能削减浪费性的政府开支。不过，军费开支和石油公司补贴却逃过了近期的预算削减项目，同样避过一劫的还有因毫无实效而臭名昭著的乙醇补贴项目。这样的项目还值得细查。

不过，不合理的费用削减政策反而会适得其反。比如说，推迟公路维修只会导致未来更多的交通事故，因为维修工作的拖延必然会导致将来的维修成本大幅上涨。

对有害行为征税是筹集资金的最优途径，这些资金可用来削减赤字。只有那些认为人们有权侵害他人利益的人才会强调，这种税收会侵害某些人的权利。不过，既然税收会让整个“国民经济蛋糕”越做越大，那些反对的声音自然也就无足轻重了。

至于新设税种，则应在经济恢复充分就业之后逐步实施。不过，即使联邦税已降至 20 世纪 50 年代以来的新低，只要我们的领导者还坚持“所有税收都是罪过”的观念，就不可能指望他们会采取措施调整税制。

按照这种思路改革税收政策将会更好地鼓励有益活动，限制有害行为，而两者都将增加我们的可支配收入。在无需牺牲任何人合法利益的前提下，我们即可创造更多的收入，这些收入足以削减政府债务，让很多年久失修的公共设施焕然一新。

当然，这样的断言有点贸然。不过，就像我们将会看到的那样，它完全符合绝大多数人认可的逻辑和依据。对于任何一个社会，只要能更清楚地认识各种侵害他人利益的行为，并以更智慧的手段加以制约，就会有大把的钞票随之而来。

第2章

背景和相对位置

夹塞的达尔文

Darwin's Wedge

微软花费10亿美元,研发的“KIN”智能手机,上市45天惨遭下架;苹果的iPhone 5手机还未上市,权威机构预测销量将突破2.5亿部。

同为智能手机,命运为何如此悬殊,真正的幕后推手是技术,还是市场……

我出生于1945年。像我这个年纪的人可以随心所欲地预测百年后的事情，即使未来不如我愿，也不必担心会遭到朋友们的取笑。于是，我在这里也可以斗胆作出自己的预言：**一个世纪之后，如果有人问经济学者谁是他们学科的鼻祖，大多数人会把这份荣誉送给达尔文。**

当然，假如今天提出这个问题的话，我的同行中99%以上的人还是会选择亚当·斯密。尽管我强烈推崇达尔文在经济学中的地位，但这丝毫不会减少我对斯密的敬仰。翻开这位18世纪苏格兰经济学家和伦理学家的经典巨作《国富论》(*The Wealth of Nations*)，其中任何一页都让我感叹斯密的思想多么深邃和宽广。

查尔斯·达尔文也是经济学家，但是在生物学和经济学学术界之外，却极少有人会把他的名字与经济学联系到一起。事实上，任何一个精心研读过达尔文进化论的人都会发现，他的思想体系深受经济学家托马斯·马尔萨斯及大卫·李嘉图的影响。马尔萨斯曾是斯密的学生，而李嘉图同样是《国富论》的追随者。因此，即使我的预测成为现实，斯密的追随者们依旧可以理直气壮地把他奉为经济学的鼻祖。

我这个看似匪夷所思的预测绝非无稽之谈。我的依据是，达尔文和斯密在如何看待竞争过程这个问题上，存在着一个微妙但却极其重要的差别。今天，斯密依旧因其“看不见的手”理论而被世人传颂，这个理论告诉我们，**客观的市场力量会将原本贪婪的个人行为引至实现集体利益最大化的方向**。如本书第1章所述，这样一种归纳显然过于笼统，但它的确反映了斯密对竞争过程的基本观点。在任何情况下，我们都可以公平地说，按照“看不见的手”理论对自由竞争市场作出的乐观憧憬，就是众多反政府干预者形成其世界观的根基。在他们看来，政府管制是完全没有必要的，因为他们坚信，不受约束的市场力量就可以轻而易举地解决问题。

而达尔文对竞争过程的观点则存在着根本性不同。现实告诉他，个体往往与种群内的其他个体之间存在着深刻的利益冲突。按照我的预测，在达尔文更具普适性的理论中，“看不见的手”迟早将变成一个特例。毫无疑问，自由主义者的诸多传统观点完全可以纳入斯密的理论框架之下，但这些观点在达尔文的思想体系中显然是难以立足的。

诊治“看不见的手”

即使如此，“看不见的手”理论依旧是一个名副其实的开创性思想，接下来我会详述其开创性。企业主为什么不辞辛苦地设计能吸引消费者的新产品呢？他为什么要投入巨大的人力物力改进生产流程、削减生产成本呢？斯密以及之前的很多人已经清晰直白地告诉我们，这背后的动机无非就是赚钱。而其他人看不清的则是，这些行为将会引发竞争对手作出何种反应，以及由此而来的格局将如何招致与初衷相悖的结果。

如果一家厂商开发出一种生产成本更低的产品制造工艺，那么，他就可以适度降低产品的销售价格，从而掠夺竞争对手的一部分市场份额。在短期内，这家厂商会如愿以偿，产品利润扶摇直上。但丧失市场份额的企业主会产生一种强烈的动机，模仿对手开发的低成本生产工艺。一旦这种工艺在整个行业普及开来，由此导致的竞争会促使产品价格持续下降，直至仅能补偿较低的新成本。而整个过程的最终受益者就是消费者，他们能以越来越低的价格享受不断改进的新产品。

《国富论》出版于1776年，距今还不到250年。斯密在书中开创性地提出了“看不见的手”，这是多么深邃而精辟的描述啊！在斯密之前曾有无数学者关注到同样的事情，他们的知识积累启发了斯密，他们自己却没有意识到这一点。亚里士多德没有意识到，哥伦布没有意识到，牛顿也没有意识到。

而斯密则深刻地感悟到，自由竞争市场并非总能带来最好的结果。斯密所关注的市场失灵，在很大程度上源于那些手握大权、暗中强取豪夺的富商。于是，他在《国富论》中写道，“扩张市场，缩小竞争，无疑符合逐利者的利益，而这些人所追求的利益与集体利益南辕北辙，通常要建立在欺骗甚至是压迫公众的基础之上；而且在很多情况下，他们也恰恰是在欺骗和压榨公众利益。”

斯密认为，市场之所以失灵，是因为缺乏有效的竞争。一家公司可以在产品质量上欺骗顾客，也可以通过降低价格将竞争对手赶出市场，然后在对手离开之后重新涨价。这种不道德的行为在斯密的时代司空见惯，尽管在时下稍加节制，但依旧无处不在。

社会对左翼势力的批评始终聚焦于被视为市场失灵根本原因的反竞争行为。例如，已经辞世的约翰·肯尼思·加尔布雷思（John Kenneth Galbraith）就一直强调，在他眼中可以精确反映现代市场的“修订序列”，完全不同于亚当·斯密的当代信徒们所设想的“传统序列”。

在“传统序列”中，消费者在进入市场时已拥有完全成型的偏好，而企业的目标就是想方设法以成本更低、效果更好的方式满足他们的需求。但是在加尔布雷思的“修订序列”中，力量更强大的公司首先要决定的是生产哪些产品更方便，而且对他们更有利，然后再雇用商贩哄骗消费者，让消费者觉得这就是他们最需要的产品。

很多经济学家一直对这种说法持怀疑态度，并引用了某些企业失败的例子。譬如加尔布雷思时代的“福特·埃兹尔”型汽车（Ford Edsel），这是一款以公司创始人老福特的儿子福特·埃兹尔命名的中型轿车。为此，福特公司推出了一项规模庞大的促销预算，其中就包括一个在全美国播放的专题节目“埃兹尔秀”，但顾客始终对这款新车无动于衷。1960 年，福特公司停止生产这款汽车。眼下也不乏这样的例子。

上市 45 天，最短命的手机

微软投资近 10 亿美元，用于研发和推广一款以年轻人为消费群体，名为“KIN”的智能手机。这款新型手机于 2010 年 4 月面市，但销售惨淡，仅仅在 45 天之后，这个新兴事物便遭到了悄无声息地下架的命运。

微软 KIN 系列手机从未出世时就遭遇了众多非议，发布后各评测机构对其评价也不怎么样。很多人抱怨 KIN 功能太少，尤其是不能下载第三方应用程序。

最惹人非议的就是 KIN 的价格问题。KIN 1 和 KIN 2 从各方面来说都不能算是智能手机，顶多是一款社交手机而已，然而微软却拿智能手机的价格来定位 KIN，与 Verizon（KIN 手机的合作移动运营商）签订两年使用协议后，KIN 1 售价为 49.99 美元，KIN 2 售价为 99.99 美元，这也是导致 KIN 手机销量不佳的主要原因。

尽管很多企业、很多产品都曾遭遇过这样的失败，但有一点是毫无疑问的：广告活动可以引导消费者的口味。但那些对市场持怀疑态度的人却认为，广告是一把双刃剑。躲在“看不见的手”背后的驱动力就是贪婪，只要厂商能以虚高价格卖出劣等产品，他们就没有发挥资源的最大效用。

假如一个竞争对手让顾客知道，他生产的产品质量更高、价格更低，他就可以赚到更多的钱。现代市场营销学就是以此为目标。尽管今天的竞争还不够充分，但是和亚当 · 斯密那个年代相比，更接近于信息完全、无摩擦的理想化市场。

达尔文是理性人？

达尔文的观点源于他对动植物种群内竞争的研究，而不是厂商之间的竞争。但他同样认识到，这两个领域在深层次上存在着异曲同工之处。达尔文的分析揭示出存在于竞争过程中的一个系统性缺陷，他发现失败并非源于无足轻重的日常性竞争，而是竞争过程本身的基本规律。进化论的核心前提在于，**自然选择更偏好各种有利于强化个体繁殖适度（reproductive fitness）的特性与行为**。如果某种特性能赋予个体更强大的生存和繁殖能力，它就会备受青睐，反之则将消亡。达尔文还发现，在很多情况下，有利于某一个体利益的特性却有损于整个物种的利益；同时他也注意到，很多特性恰恰是以牺牲整个物种的利益为代价来改善个体利益的。

生死时速：100 公里

成年瞪羚可以在很长时间内保持每小时 30 英里（约 48 公里）的奔跑速度，在短时间内甚至可以达到 60 英里（约 96 公里）的时速。它们为什么能跑这么快呢？

从进化角度说，跑得越快似乎就意味着拥有更强的生存能力，但并非所有物种的移动速度都是越快越好。绦虫就很慢，但是在它们特有的小环境内，速度快没有任何意义。瞪羚之所以跑得快，是因为在它们所处的生存环境里，比其他同伴跑得更快就可以掌握决定生死的优势。

瞪羚的捕食者同样速度飞快，比如说非洲猎豹。与此同时，在两个物种共生的地域内，瞪羚根本就找不到藏身之地。于是，在现代瞪羚的祖先中，那些速度较慢的个体被猎物捕获并吃掉。

既然速度的选择压力来自被其他物种的狩猎者捕获的威胁，那么，更快的速度就不会造成个别瞪羚和整个瞪羚种群的利益冲突。在某种程度上，更快的速度对个体和种群都是一种优势。在达尔文的自然选择理论中，对这种让个体及集体双重受益的生物属性的描述，与斯密的“看不见的手”理论对成本节约性创新及新产品设计的扩散过程进行的描述几乎如出一辙。

但是，一些属性在提高个体繁殖适度的同时，却让整个物种付出巨大的代价。在个体与本物种其他成员的竞争过程中，只能给某些个体带来优势的特性最有可能造成这种利益对抗。

雄麋鹿吸引“美女”的终极法宝

个体利益与集体利益对抗最典型的例子就是雄性麋鹿的超大鹿角。这些鹿角的功能不仅是为了防御外部天敌攻击的武器，也是与其他雄性麋鹿争夺雌性麋鹿配偶的手段。在这些战斗中，鹿角的大小至关重要。由于产生更大鹿角的基因变异更有可能让雄性麋鹿打败对手，这种变异就更快地得以普及。一代又一代的变异，最终造就了一场关于鹿角大小的竞赛。现在，这个竞赛胜负已定,成功者是北美麋鹿,其鹿角的长度超过4英尺(约1.2米)，重量超过40磅（约18千克)。

尽管这个过程中的每一次变异都能增加个别雄性麋鹿的繁殖机会，但这些变异的累积效果就是让整个麋鹿种群的生活愈加艰难，让它们的命运愈加凄惨。比如说，硕大的鹿角必然会影响它们在丛林地区中的移动能力，让雄性麋鹿更有可能遭到狼群的攻击，并成为其天敌的口中餐；而鹿角较小的雄性麋鹿虽然更容易逃脱天敌的追杀，但它们在与其他雄性麋鹿的厮杀中又处于下风，因而很难找到配偶，这就大大减少了他们把自己的小鹿角遗传给下一代的可能性。

简而言之，雄性麋鹿同样面对着一个集体行为问题。尽管拥有大角的雄麋鹿更有可能赢得争夺配偶的战斗，但却会让麋鹿种群输掉关乎存亡的另一场战斗。因此，大角给个别雄性麋鹿带来的收益远远大于麋鹿种群由此获得的整体收益。作为一个集体，如果所有雄麋鹿的鹿角都小一点，会让所有麋鹿的日子都好过一点。

个体与种群之间之所以存在冲突，是因为繁殖机会本身就是一个相对性的概念。在自然选择的前提下，成功延续下去的特性就是那些拥有相对优势的特性。要保证某种特性能在种群中得到普及，仅仅能带来绝对性改良还不够；相反，它所造就的优势必须要强于其他变异的结果。一种帮助个体在同类竞争中获得优势的特性，通常会对整个种群构成危害。鹿角就属于这样的特性，在这个有关大鹿角的“军备竞赛”的每个阶段，个别雄性麋鹿的相对优势在总体上会相互抵消，在竞赛趋于稳定时，整个物种就会被由此带来的致命性缺陷所拖累。

达尔文的核心思想促使我把自由主义的基本原则作为研究起点，然后再来探讨这些原则对于自由主义者的政府选择有何影响。显然，他们的选择主要依赖于自由竞争可能带来的预期结果。自由主义者的预期始终服从于斯密“看不见的手”的概念及其对完全竞争市场的假设。但是在达尔文所关心的自然世界中，让传统市场怀疑论者忧心忡忡的竞争障碍似乎并不存在。不过，达尔文对竞争过程本身的理解依旧有助于我们对市场怀疑论作出更客观的评价。深刻了解达尔文的竞争观点如何让这只“看不见的手”不再灵光，显然会给我们带来更多启发。

自由主义者对无监管市场的信心源于几个前提，其中最重要的两个前提就是消费者享有完全信息以及市场具有竞争性。如果我们不能真正解读这些前提，自然也就无法在达尔文的理论框架中找到质疑他们的理由。当然，面对市场上不计其数的产品和服务，消费者不可能掌握所有信息，但他们至少应该对最重要的方案适当知晓，或主动选择那些已掌握适度信息的方案。

同样，任何市场都不可能满足完全竞争所需要的全部条件，包括完全自由地进入或退出市场。生产标准化产品的大量厂商各自占据的市场份额都非常小，以至于任何厂商都不能控制市场价格。大多数市场都具有适当的竞争性，只要出现有利可图的产品，部分厂商即可进入，并让消费者接受自己的产品。

总之，达尔文的质疑与市场怀疑论者始终挂在嘴边的“竞争不完全性”毫无干系。即使自由主义者打算以某种形式赋予政府监管企业的能力，那也不是因为市场的无效竞争。

亚当·斯密对“看不见的手”的概括同样需要某些附加假设，但现有证据让任何有理性的人都会对它们提出质疑。

> 假设 1：任何人都能理性地识别与他们的选择相关的各种成本与收益；
>
> 假设 2：就收入对福利的影响而言，绝对收入比相对收入更重要。

大量有充分说服力的证据表明，上述两个假设的缺陷在于它们削弱了“看不见的手”的现实基础。假设 2 尤其令人生疑。

就假设 1 而言，大量研究已表明，人并不会像理性消费者行为理论所要求的那样，关注全部成本和收益。例如，人们总是倾向于关注那些可能影响其当前行为，但本身却微不足道的成本和收益，却对本身极端重要但存在不确定性或者延迟的成本和收益漠不关心；此外，人们往往在对待收益和损失的方式上表现出系统性差异。尽管这种非对称性在本质上并不缺乏理性，但是当这种差异达到一定程度时，往往会带来让决策者感到缺乏诱惑力的结果。

理性假设的失败，可能会导致人们敦促政府以不同方式重建其决策环境，从而作出更好的选择。不过，政府对这些失败可能会作出何种反应，并非我关注的焦点，塞勒和桑斯坦已经在《助推》（*Nudge*）一书中对这个问题进行了全面阐述。而我关注的问题则是，假如有足够的证据让一个拥有充分行动权的自由主义者相信，人们对相对位置的看法会主导其经济决策，那么，他将选择何种类型的政府。事实上，这种看法根本就不会对理性假设背离。

经济学的“相对论”

正像达尔文所阐明的那样，生活中很多重要的方面都要服从既定的分配法则，尽管有些时候不公平。

要成为一种被接受并得以沿袭的基因变异，仅仅让某些个体大量繁殖还不够，必须要比那些未携带这种变异的对手拥有更多的后代。因此，“繁殖适度”是一个典型的相对性概念。那些最终得以生存与发展的个体，未必身体最强壮、速度最快或是智力最发达，它们或许有点儿孱弱，有点儿缓慢，甚至有点儿愚钝。但最关键的在于，它们能在与同类争夺有限资源的竞争中保持有利地位。

要做到这一点，它的神经系统就必须收集到与所在环境有关的信息，并识别哪种行为能帮助它实现不同目标。但它的神经系统还要发挥另一种重要职能，就是分出不同目标的轻重缓急：哪些目标才是最重要的目标呢？在迫不得已的紧急关头，应该放弃哪些目标？

只要比你跑得快就行了

两个人在森林里行走，忽然发现后面跑出来一只老虎。其中一人蹲下来穿上跑鞋，另一人撒腿就跑，边跑边说：“难道你穿上跑鞋就能比老虎跑得快了吗？”

穿跑鞋的人回答：“我不需要比老虎跑得快，只要比你跑得快就行了。”

如果不能对人类行为的动机作出适度精确的描述，我们就无法理解市场是如何运行的。行为动机存在于已进化了几百万年之久的大脑之中。最直接的动机，就是指导携带者采取最有利于将其基因遗传给下一代的行动。而达尔文的理论体系则是唯一以认识人类及其他动物的特定行为动机为内容的理论体系。

把大脑视为一个不断进化的器官，并未抹杀文化在人类行为中的重要性。显然，人类进化与其文明的进化相辅相成、共同发展，彼此间相互影响。很多人发现，把不断进化的大脑视为动机体系的硬件，把文化视为与之相对应的软件，对认识两者之间的内在联系是非常有启发性的。正像这个观点所强调，人类的行为不仅极其复杂，而且是多维度的。

当经济学家试图通过建模去认识市场的运作机理时，他们就不得不对市场的真实形态进行线性简化，但有些简化过于极端。例如，大多数经济学家都假设人是完全自私的，但现实中有同样强有力的证据表明，人类也拥有超越狭隘自我利益的行为动机。此外，多数经济学家还假设，人们通过消费获得的满足感仅取决于绝对消费量，但更具说服力的证据则表明，相对消费量才是最重要的。

繁衍的成功与否主要依赖于资源的相对占有量，因此，说这个高度发达的大脑居然不能深刻领会相对位置的重要性，简直是天大的笑话。包括早期人类在内的大多数脊椎动物均为一夫多妻制，也就是说，在可能的情况下，一个雄性个体会同时占有多个雌性。只有实力排名靠前的雄性才有资格占有多个配偶，就像抢椅子游戏中不可避免有失败者一样，排在后面的雄性只能遭到淘汰。

饥荒同样是人类进化过程中最常见的生存威胁。即使在最严重的饥荒中，总还能找到一些食物。至于谁将最终享有这屈指可数的一点粮食，基本上取决于相对收入。和现在一样，每个集体中占有资源最少的那个个体就是最有可能被饿死的个体。

在这样的报酬结构下，我们不妨设想两种基因类型：一种基因编码会让大脑只关注相对位置，另一种则让大脑对一切都漠不关心。通常，当我们把全部心思用在某个事物上的时候，我们就会投入更多的心思和物质资源获取它。

因此，关心相对位置的个体更有可能采取维护高排位必需的行为，而这又会让他们更有可能躲过饥荒，成功地找到配偶，进而增加了其基因出现在下一代中的概率。

当然，今天的环境完全不同于我们祖先生存的环境。但相对位置依旧至关重要，而且往往是出于纯粹的“工具理性”（Instrumental Reason，通过实践确认工具或方法的有用性，以追求事物的最大功效，服务于人类的某种目的。——译者注）。比如说，在参加求职面试时，你肯定想衣着得体，但衣着得体的标准则是一个相对性的概念。

为了找工作，花 2 000 美元买套西装划算吗？

面试官或许根本就意识不到面试者的穿着有什么不同，但却会受到其潜在影响。假如你在面试中身穿价值 500 美元的职业装，而其他应聘者既有可能身穿价值 200 美元的服装，也有可能穿 2 000 美元的服装，在前一种情况下，你肯定更有可能得到招聘企业的再次召唤。

我们知道，那些想把孩子送到好学校的父母，必然会为好学校所在地区的房子支付更高的价格；而他们是否具有这样的能力，几乎完全取决于相对收入水平。在这里，我们同样会看到抢椅子游戏的逻辑：不管赚多少钱，只有一半学生有机会进入排名前 50% 的学校。

幸福感也能“指数化”

现实生活中的很多经验表明，人们对很多消费经历的心理反应高度依赖于背景。

没有最快，只有更快

有些男人能从开快车中得到快乐。但是，到底把车开到多快才能给他们带来快感呢？如果不了解相关背景，我们根本无法回答这个问题。20世纪20年代，汽车的时速只要达到60英里（约96.56公里）就算是很快了，但随着时间的推移，“快”的标准已发生了显著变化。

我驾驶过的第一辆跑车是一款1955年生产的福特“雷鸟”。这辆汽车的V9发动机可产生近200马力的动力，可以在11.5秒内从静止状态加速到每小时60英里。我永远也不会忘记这辆汽车那时给自己带来的感觉：太快了！

最近几年，我一直驾驶一辆马自达生产的“Miata”跑车，能在8秒内提升到每小时60英里。尽管它的速度明显要超过老“雷鸟”，但感觉似乎并不太快。这是因为，按照现在跑车的标准衡量，我的“Miata”跑车的确不算快。2011年的新款“Miata”可以在6.5秒内提升到每小时60英里，而在这个行列的最顶端，2011年的保时捷“911 Turbo”跑车达到这个速度的时间还不到3秒。这就是现在的“快”。但即使以这个速度，也不可能永远保住“最快”的宝座。

关于相对位置的认识，其本身就是人类大脑进化过程的一部分，这不仅已经被日常生活中的经历所验证，神经生理过程对局部排序的反应同样也支持这个结论。

赚得比别人多才开心

局部排序不仅影响到调节情绪和行为的神经传递素复合胺的浓度，也反过来受到它的影响。在一定限度内，神经传递素复合胺浓度的升高表明人的幸福感增加。一种名为“百忧解”(Prozac)的药物专门用于治疗抑郁症及其他情绪紊乱型疾病，这种药的作用就是提高大脑中的复合胺浓度。

男性睾酮的浓度与局部排序存在类似的关系。局部排序的降低往往会带来血浆睾酮水平的下降，而排序的提高通常会伴之以血浆睾酮水平的上升。比如说，在一场网球赛中，夺取最终胜利的选手在比赛结束后通常会出现血浆睾酮水平上升的现象，而失利的对手血浆睾酮水平则会在赛后出现下降。和血清素一样，睾酮浓度的升高似乎可以刺激人们采取有助于实现或维持较高局部排序的行为。

针对幸福感或称主观福利的决定性因素进行研究，也为验证相对排位的重要性提供了进一步证据。早期研究表明，虽然对某一国家居民在较长时间内测定的幸福感水平往往具有高度稳定性，但是在任何一个国家，个别居民在既定时刻的幸福感则严重依赖于收入水平。近期资料显示，个人的幸福感与周围人群的收入水平之间存在明显负相关性，这种对应关系显然不是选择性偏差或者其他人为统计缺陷造成的。

总之，如果不能首先对背景特征的基本面作出评价，就不可能指望任何经济模型可以把握市场的实际运行方式。但是亚当·斯密的“看不见的手”理论模型，却荒谬地假设背景不影响结论，这种假设也得到了自由主义者和狂热的右翼势力的支持。更令人难以置信的是，建立在这种经济模型基础上的经济预测和政策分析居然已经延续了一个多世纪。

在随后的3个章节里，我们的任务就是阐述背景的重要性，及其如何改变我们对市场运行方式的认识。尽管只增加这样一个简单特征，却能够解释“看不见得手”为什么会失灵，即使消费者拥有完全的信息，而且与雇主和卖方间的互动处于完全竞争环境下。不理解市场失灵的原因，让很多左翼人士在政府管制问题上杜撰出各种欺骗性的理由。他们宣称，政府管制的目的就是不让占有市场主动权的雇主和卖方任意欺凌和剥削我们。实际上，它的真实原因则是让我们避免同类之间的过度竞争。

背景，经济学模型的新参数

正如我们将会看到的那样，这种浪费稀缺资源的无效竞争恰恰说明了一个再简单不过的事实：**任何评价都必须建立在具体背景基础之上**。背景对评价结论的影响毋庸置疑。面对一个坚持背景毫无意义的顽固派，还有谁会与之为伍呢？

在过去几年里，我曾与很多经济学家探讨过这个问题。有些经济学家认为，只要人们相信重视背景的作用，可以更理性地分析和解释现象，他们就能完全认可背景的重要性。但摆在我们面前的事实却恰恰相反。例如，我曾在以前的研究中指出，大量的事实已经告诉我们，基于相对收入的理论更有助于跟踪数据，但经济学家们却始终不愿放弃以绝对收入为基础的储蓄理论。

有些经济学家担心，过分重视背景的作用，可能会缺失严谨性。毕竟，很多经济学家以数学模型归纳自己的研究成果，并以此作为自己的功劳。在他们当中，有些人可能会顾虑，过于强调背景、环境、位置等因素会让他们这些经济学家看起来像生物学家。然而，近期的大量研究显示，把位置因素纳入规范化模型在理论上是可行的，相比之下，经济学家们似乎就想让自己的模型深不可测。

还有一些经济学家则认为，人们之所以不愿意重视背景因素，可能是因为这样做会削弱 “看不见的手”理论。这个说法可以理解，但分析还不够透彻。毕竟，经济学界已经把大量其他形式的市场失灵纳入自己的政策建议库。即使最热忱的市场推崇者也会毫不犹豫地承认，在交易成本较高的情况下，政府干预是限制污染的有效手段。

在从事位置因素研究三十多年的时间里，自由主义者及其他左翼学者一直就这个问题指责我煽动“阶级斗争”。实际上，他们排斥位置因素的原因，与排斥施虐狂的偏好一样。接受位置因素即相当于对施虐狂的偏好给予政策考虑。遏制妒忌和羡慕之类的负面情绪的确有利于社会合法利益，在任何社会中，某些人总会占有更多、更好的资源，而过分关注这样的事实，必将给其他人带来痛苦和不幸。

教育我们的孩子学会不羡慕别人的财富是父母的使命，然而不管这样的教育多成功，都不可能消除因争夺相对位置而造成的资源浪费。这种浪费的根源不是妒忌，而是因为在我们的生活中，很多重要的回报都取决于相对位置。就像超速罚单不能禁止超速一样，对集体行为问题实施税收救济固然有用，但在任何情况下都不可能消除这种妒忌。

第3章

市　场

没有免费午餐

No Cash on the Table

沃尔玛在中国，到处都生意火爆，在它的美国老家，为何却遭受抵制？狡猾的冰球运动员总是要求别人戴头盔，而自己却为何从来不戴？马克思因何痛斥斯密的理论是非人道主义？

在“看不见的手”理论中，亚当·斯密关注的是强势者限制市场竞争的能力。自由主义市场怀疑论者不仅乐于接受这样的观点，而且始终把限制竞争视为市场失灵的根源。

对此，查尔斯·达尔文已经清清楚楚地告诉我们，即使是完全竞争，也不能让个体利益自然而然地永远服从集体利益。**他发现，个体利益与集体利益之间往往存在着尖锐冲突，在这种情况下，个体利益通常居于主导地位。**

达尔文理论的一个重要特征可以表述为，即使所有个体都能把握机会并充分实现潜在收益，市场失灵依旧不可避免。托马斯·谢林提到这个例子：尽管冰球运动员在规则允许情况下不会戴头盔，但他们仍然赞成要求运动员必须戴头盔的规则。这个案例告诉我们，即使在个体信息充分且完全理性的情况下，依旧可能出现达尔文所述的市场失灵。尽管所有麋鹿的角都小一点会让整个群体受益，但拥有较小鹿角不符合任何一只麋鹿的利益。

相比之下，只有在某些个体始终没有采取有利于个体利益的选择时，不完全竞争才会招致市场失灵。这就像经济学家经常说的一句话：某些个体肯定一直在让他们的钞票睡大觉。我将会指出，这恰恰是市场失灵常规解释中的一个致命缺陷。

员工共管企业：带刺的玫瑰

我刚来到康奈尔大学的时候，第一次意识到这个特殊缺陷。当时，我和一群经济学家进行了讨论。其中几位创办了一家机构，研究员工共管型企业。他们忘我地投身于社会正义的理想，对资本家主导的传统层级制企业持极端怀疑态度。他们坚信，这些公司就是造成环境污染、人际关系冷漠以及其他一系列严重社会痼疾的罪魁祸首；他们还深信，消除这些社会痼疾最有效的途径，就是以员工共管模式取代传统经营模式。

人们高度推崇个人自由和自治，这种观点在现实中似乎并非完全不可行。研究表明，越是身心愉悦的员工，工作效率也越高。假如你根本不认同一个企业的基本经营宗旨，而且老板每天都会高高在上、耀武扬威地对你吆三喝四，这只会不断扑灭你的工作热情。员工共管型企业模式的倡导者相信，只要让员工承担起管理企业的职责，企业就会发生翻天覆地的变革。当时这个新兴研究领域的3位顶级学者撰文写道：

> 在一个共同参与管理的工作环境里，员工不仅工作效率更高，而且会产生更大的满足感。即使不增加工作压力或者工作危险，我们也可以轻而易举地让产出增加至少15%。
>
> 之所以能如此显著地减少浪费现象，应该是由于工作积极性的增强，而非效率的提高。原因很简单，他可以有效利用更多的精力，而在资本家主导型企业里的员工因循规蹈矩、消极怠工或直接对抗而浪费大量精力。

假如一家公司按上述方式提高生产力的同时，还让员工变得更愉快，那么，它会拥有更加明显的竞争优势。在一家典型的企业内，由于人工工资约占总成本的70%，因此生产效率提高15%就意味着削减了超过10%的总成本，公司就能在同比降低产品价格的前提下，继续维持原有的盈利水平，这无疑让这家公司能够掠走竞争对手的大部分顾客。与此同时，员工在工作中更愉快，这有助于他们充分发挥自身的潜力和天赋，同样会增加公司的竞争优势。简而言之，上述观点表明任何企业都拥有无数值得挖掘的财富。而拥有这些优势的企业就如同掠过大草原的风暴，将大笔财富席卷而走。

实际上，员工共管型企业在美国乃至其他经济体的历史中早已不是什么新产物，小规模家族式作坊或许就是最常见的典范。很多其他类型的合作经营企业同样可以归于这一类。

企业也能实行“共产主义”？

20世纪60年代末，我在伯克利大学读研究生的时候，经常到利奥波德音像店购物，这是一家典型的员工共管型组织。其实，很多城市的食品连锁店也采取员工共同持股、共同管理的经营模式。

但这些组织毕竟只在整个经济体中占据极小的空间，根本就不足以作为有说服力的证据，表明他们已成为市场基本力量。这就为我们提出了一个最基本的问题：既然员工共管型企业如此出众，我们为什么没有在现实中看到他们大量存在呢？

其实，目前还不存在任何有说服力的证据，表明员工共管型企业拥有竞争优势。研究生毕业多年之后，我再次回到伯克利大学，却没有看到昔日那家由员工共管的利奥波德音像店。一位朋友告诉我，它在几年之前就已经关门停业了。但就在不远的位置，利奥波德当年最大的竞争对手——折扣音像店，依旧人来人往，生意兴旺。

我曾就此请教过康奈尔大学员工共管体系研究团队的同事，显然，整个精英团队对此极为重视。

通过深入讨论之后，他们对我作出了一个深思熟虑的答复：员工共管型企业之所以没有推广开来，是因为金融市场拒绝以公平条款为他们提供资金支持。

他们认为，长期以来，银行只习惯于和由资本家主导的传统型精英企业打交道。他们熟悉这个领域的参与者，熟知其中的风险，进而认为自己完全有能力合理评估他们的贷款申请。为支持这种解释，我的一位同事提供了一份当地一家员工共管企业在申请银行贷款时填制的表格。与常规的贷款申请表相比，这份表格的长度足足增加了一倍，而且涉及的问题也更多。

但我的回答是，这样的障碍根本不足以成为员工共管型企业没有得到普及的原因。如果这些公司相对于常规企业拥有10%以上的成本优势，他们完全有能力承担贷款申请时间延长所造成的损失。事实上，即使金融体系彻底将他们拒之门外，他们也应该有能力继续生存下去，并在这个过程中不断成长和繁荣。毕竟，大多数企业在起步时都很弱小。在被剥夺外部信贷来源的情况下，一个拥有明显成本优势的企业在一段时间内或许只能选择缓慢成长，但超过10%的成本优势足以支撑其发展的内部资本。

更重要的是，一个始终对值得信赖的借款人说“不”的银行体系，很有可能会限制信贷。每一笔企业贷款都包含着一定程度的风险，但一个在成本上比竞争对手低10%的企业显然处于这个风险量尺的底端。即使一个银行家不放心与员工共管型企业打交道，他们最可能作出的反应通常不是拒绝放款，而是收取较高利率，而且，任何拥有超过10%成本优势的公司都能轻易地消化这种高利率。

还有一些人则认为，银行之所以不愿意向员工共管型公司提供贷款，是因为银行家们相信，如果任由这种所有制结构发展下去，将对资本家体系的长期利益造成严重威胁。但是，假设某个银行家会出于这样原因而自愿放弃煮熟的鸭子，绝对是对资本主义制度精髓的彻底颠覆。资本主义制度源于人性贪婪的假设。作为《国富论》中被后人引用最多的一句话，斯密写道：

> 我们日常生活中所需要的食物和饮料，不是出自屠户、酿酒师或面包师的恩惠，而是出于他们自身利益的需要。

银行家可不是利他主义者，自然也不会为了整个阶级利益而甘愿牺牲自身利益，他们毕竟是追求财富的资本家。即使我们违心地接受向员工共管型企业提供贷款终将损害整个资本主义体制这一假设，任何一个理性的资本家都没有动机不向他们发放贷款。

这个问题类似于我们将在第 10 章里讨论的导致过度捕捞的“公共地悲剧”（the Tragedy of the Commons）现象。这同样是一种因个体利益与群体利益之间的冲突造成的市场失灵。渔民并不是因为愚蠢而捞尽渔场里的鱼，而是因为任何个体的决定对最终结果产生的影响不可衡量。银行业也是一样，假如有足够数量的银行家向员工共管型公司提供贷款，这些公司的普及和繁荣或许最终将推翻资本主义体系，但仅仅某个银行家的坚持显然无济于事。即使一个本性贪婪的银行家执着于维护现有形态的资本家企业，要让他错过一个获利颇丰的贷款机会，显然不符合逻辑，他没有动机这样做。纵然他自己甘愿放弃利润，但这丝毫无助于资本主义体制。

更该去质疑的是，一个银行家凭什么要把这样一个目标放在首要位置呢？在大多数客户都是员工共管型公司的情况下，银行家岂不是会活得更好吗？这样的经营模式确实能减少 10% 的成本，即使是银行自己也会变成员工共管型企业。因此，率先采纳这种模式的银行注定会享有巨大的竞争优势。

尽管员工共管型企业由来已久，但他们在经济生活中却始终难有作为。而且现实中也没有迹象表明，他们会以秋风扫落叶之势成为市场主流。唯一的原因可能是：在市场成功的诸多关键因素中，员工共管型企业可能在某些方面优于传统型企业，但是在其他方面的表现肯定不及传统企业。比如说，利奥波德音像店的所有员工都能在日常经营决策中体现自己的立场，由此产生主人翁意识，这让他们在工作中更有效率；但随着时间的推移，经常参加这么多会议或许让他们厌烦。他们还可能遇到这样的问题：掌握权力的员工只生产他们自以为有利于顾客的东西，而不是顾客真正需要的东西。

市场不放过任何获利机会

通过与这些员工共管型企业倡导者交流，我对意识形态阻断批判性思维的能力有了客观认识。我的同行们都知道，市场机制本身确实存在诸多弊端，而且他们同样相信，资本家的剥削是造成这些问题的根源。但也正是这样的认识，才让他们不愿意或者不能对其理论进行更宽泛的检验。

多年以来，我一直督促自己的学生在思考市场失灵问题时尽可能摒弃意识形态理论的影响。如果他们对某种特定形式下市场失灵的原因提出一个假设，检验这个假设的第一个也是最重要的证据，就是它是否还隐藏着“免费午餐”（Cash On The Table，直译为“摆在桌子上的钞票”，对应于供需非均衡状态，意为市场上还存在有利可图的机会，这注定会吸引竞争对手的加入，直至不存在可以信手拈来的免费钞票为止。——译者注）。但员工共管经营模式倡导者的说法显然没有证明这一点。如果这些公司确实能创造出反对者所声称的优势，那么企业家们就可以通过收购传统型公司，并把他们重组为员工共管型公司来大赚一笔。他们只需全盘收购一家现有传统企业的全部股份，并把企业决策权转移给员工，然后将重组后公司的股份出售给新的职工兼所有权人。由于新公司在经营上将比被它取代的公司更有效率，他们的股票售价将会远远超过其收购成本。但如前所述，我们期待中的人们对这种经营模式趋之若鹜的景象却没有出现。

总之，那些假设免费午餐可以长期存在的理论都是有缺陷的。因为任何一种在长期内保持稳定的市场体系，肯定都不会存在免费午餐。不过，那些市场失灵的批判者仍提出很多解释，以证明免费午餐的存在。

比如他们声称，必须加强对工作场所的安全监管，否则，工人就会受到更强势的经济精英的剥削。乍听上去，这种说法似乎很有道理。毕竟，企业主大多衣食无忧，但工人们则要为了每天的生计而劳心费神，甚至要冒着生命危险去赚钱糊口。这确实有点像剥削。这样的说法也意味着市场上还有免费午餐。

假设由于雇主没有为电锯安装护栏，使木工经常要冒受伤的危险，这个雇主是否需要为电锯安一个护栏呢？这个问题合理的答案必须依赖于设备成本与收益的比较。假如工人是公司的所有者，而且必须独立作出决策，这个计算对比过程就不难了。设备的成本自然不难计算，为讨论方便，我们不妨假设护栏的成本为50美元；而设备的收益则是他为安装护栏所愿意牺牲的最大代价。假如他愿意支付的最高代价为100美元，那么，安装护栏就是合理的。但如果他的努力只能换回30美元，那么，他自然不会选择安装护栏。

当这个木工成为公司的雇员时，作出这个决策背后的依据没有任何变化，他同样需要比较护栏的成本及其带来的收益。作为雇员，他当然希望购置防护设备，但这个事实丝毫不会改变护栏的成本。在工人眼里，收益依旧是护栏保护作用所具有的价值。现在，我们假设护栏符合成本－收益原则，因为这样的情况似乎更有看头。如果雇主每周可以为工人提供价值为100美元的保护，但安装和维护的每周成本却只有50美元，那么，他就有足够的动机为工人提供这种保护；否则，雇主就会坐失这种保护所创造的50美元经济剩余价值。

但“看不见的手”的怀疑论者则坚持认为，作为资本家，雇主的贪婪本性将促使他让这台设备维持原状。但这种说法显然忽略了亚当·斯密理论的本质。如果雇主没有安装一台符合成本－收益原则的防护设备，那些愿意安装防护设备的竞争对手就会坐享免费午餐，拿走“摆在桌子上的钞票”。不要忘记，防护设备的每周使用成本仅有50美元，而木工赋予他的价值却是每周100美元。这种情况下，雇员完全有理由认为，老板按目前75美元的薪水雇用他一点也不赔钱。因此，假如另一个雇主按低于当前薪水的工资聘请这个木工，并为他提供安装防护设备的电锯，他应该会欣然接受。在更换雇主之后，这个木工每周可以获得25美元的额外经济剩余价值（他赋予设备保护作用所具有的100美元价值，扣除75美元的工资损失），与此同时，他的新雇主每周也可以增加25美元的利润，前提是假设新雇主的其他成本均与现雇主相同。每当雇主拒绝安装符合成本－收益原则的防护设备时，他就会把一大把钞票扔到桌子上，送给对手一顿免费大餐。

对此，市场体制的很多批判者的回应是，用成本－收益分析决定是否需要安装安全防护设备是不人道的，但这种反驳显然经不起任何推敲。当然，购买安全防护设备的钱也可以用来购买其他有价值的东西。我们不可能创造出一个不利结果的出现概率为零的世界，唯一可以做的事情，就是通过成本与收益的比较，决定采取何种安全防护措施。

如果你还有什么异议的话，不妨回答以下两个简单的问题：你今天检查过自家汽车的制动装置吗？如果是的话，明天是否打算再去检查呢？任何一个正常人都不可能同时肯定这两个问题。如果你刚刚检修过汽车，发现制动装置状态良好，那么，你的汽车在第二天出问题的概率就微乎其微；而且，汽车检修不仅要花钱，还耗费时间，因此，普通人只会隔一段时间进行一次检修。有些制订强制性汽车检修法规的国家，通常规定每年必须对汽车进行一次检修。但由于检修要花钱，而且不会带来明显回报，因此，大多数人的检修周期要长于一年。如果成本－收益原则是我们确定汽车检修周期的正确方法，那么，它为什么不能成为确定电锯是否需要安装安全防护设备的基本原则呢？

还有一些市场怀疑论者认为，只有在劳动力市场确实是完全竞争的情况下，“看不见的手”的观点才有说服力。但他们又坚称，现实中的劳动力市场并非完全竞争。毫无疑问，劳动力市场的流动性的确弱于其他很多市场。比如说，一旦某人与雇主签订劳动合同，他在合同期限内积累起来的具有专属性的劳动技能，对目前雇主的价值往往会高于对其他雇主的价值。因此，在这段时间内，他很难接到其他更有吸引力的邀请。

在某些情况下，这种专属性的技能甚至有可能让他成为被这个雇主剥削的对象。

不过，即使一个雇员迫于压力而不得不终生受雇于同一个雇主，这个雇主也没有道理拒绝安装一台符合成本－收益原则的防护设备。如果雇主购买安全防护设备，并适当削减雇员的工资以补偿设备支出，无论是雇员还是雇主都是受益者。市场怀疑论者或许会反驳，这只适合那些工资水平确实有竞争力的工人，那些被剥削的雇员收入微薄，根本就无力承担这种补偿。在这种情况下，一个倾向于采取管制措施的国家往往会有更高级的对策：只需要求公司支付更高的工资即可。这样，雇员就可以自主判定增加安全措施带来的回报是否足以弥补成本。

不管怎么说，都绝不可过分渲染劳动力市场缺乏竞争性的说法。尽管劳动力市场的流动性不足，但目前劳动力跳槽的频率早已远非昔日能比，而且雇主也心知肚明，大多数雇员不太可能跳槽，虽然有些雇员会选择离开，还是有一些人会坚守终生。因此，雇主必须保持足够的诱惑力，才能源源不断地吸引求职者前来应聘，而这又需要他们不断强化其在劳动力市场上的名声和信誉。在信息化时代，几乎没有什么秘密可言。一旦企业剥削工人的情况被上传网络，就会让他们在招聘方面遭遇窘境。

总之，认为一台电锯对工人来说太危险，就等于说，让这台电锯更安全需支付的成本，低于这种安全措施所能带来的收益。如果劳动力市场具有竞争性，而且工人认为更安全的电锯带来的收益足以弥补需额外支付的成本，那么，雇主就有强烈的动机去提供这种安全，以防竞争对手挖走自己的工人。如果上述两个条件都不成立，就说明工人实际上并不认为更安全设备带来的收益超过由此发生的额外成本。如果雇主能免费提供这种安全措施，他当然愿意笑纳，但他肯定不愿意为此去花钱。

更深入地理解“看不见的手”，可以解释市场对工作安全问题的诸多处理方式。比如说，有些公司会提供高工资和低安全度，有一些公司则提供低工资和高安全度，还有一些公司则介于两者之间。面对现实中如此之多的选择，雇员必须根据自身偏好作出判断。尽管人们对不同事物的偏好程度不同，但是从经济角度出发，最关键的两个因素是对待风险的态度以及对特定收益的期待程度。

对于大多数谨慎而又不太在乎金钱的人来说，最好的选择当然是危险程度最低的工作。这份工作不仅能给他们带来安全，而且由于金钱在他们眼里并非至高无上，较低的工资是可以接受的。而另一个极端则是那些对风险不太在乎但对增加收入却极为迫切的人。对他们来说，风险最大的工作是最好的选择。在增加的风险尚处于他们容忍范围内的情况下，这样的工作可以让他们的收入最大化。在这两个方面无特别偏好的人，则可以通过选择工资与安全性适中的工作达到整体状态最优化。

于是，根据传统的“看不见的手”理论框架，工人既愿意支付成本，又在工作中得到预期的安全度。提高工作安全性，自然就要求占用原本可以用于其他方面的资源，这一点毋庸置疑。假如一个工人没有得到他自称必须得到的额外安全度，这只能说明他并不看重这份额外的安全，因而自然不愿意为之投入成本。

“看不见的手”，看得见的怀疑

市场怀疑论者在反驳中，往往会提到雇员采取的与“看不见的手”所描绘的预期结果明显不相符的行为。沃尔玛作为美国最大的零售商，经常会成为他们抛出的杀手锏。比如说，这家公司经常把值夜班的维护工锁在店里，且不留任何监督管理人员，因此，一旦发生紧急事故，这些工人将无法逃脱。而沃尔玛则以这是防止盗窃的必要手段为自己辩护，尽管如此，还是屡次造成值班人员在发生急病时，未能得到及时救护。此外，沃尔玛还曾多次因各种违反劳动法的行为而受到谴责，甚至招致指控，其中包括为了克扣员工加班费而更改工作时间记录这样的低劣行为。如果这都不算是剥削，那真的无话可说了。

诚然，通过坚持不懈的成本削减措施，沃尔玛的产品以低价著称，也让沃尔玛所在社区的消费者受益匪浅。但是在其整个发展历程中，这家公司一直在明目张胆地违反各项法律法规，以至于在自由主义者及其他反政府人士的眼里，这些行为就是在肆无忌惮地侵犯市场的“看不见的手”。很多此类行为理当严令制止，而且迄今获得的全部证据都表明，今天的市场远比历史上的任何时刻都更富有竞争性。

如果市场确实是竞争性的，到底是什么使得这些管制不可或缺呢？到底是什么在阻止“看不见的手”发挥其应有的作用呢？

不要再相信市场先生的狡辩

我的答案非常简单，理论依据就是达尔文的基本思想：个体利益往往与集体利益相互冲突。按照第 1 章讲述的“看不见的手”的概念，工人愿意以较高工资换取较低工作安全度，这一事实表明，额外增加的收入足以弥补较低安全度造成的损失。“看不见的手”理论则认为，增加额外收入的效用仅取决于绝对消费增加量。较高的收入还带来另一个好处，即可以比他人拥有相对多的消费量。

这与父母想把孩子送到最好学校的期望是一回事。如第 1 章所述，一个工人或许愿意接受风险更大、收入更高的工作，这样就可以拥有较好学校所在地区的房产。学校质量是一个相对性的概念，因此当其他人为了换取较高工资而牺牲安全性时，任何家庭的孩子都不可能进入比其他家庭孩子更好的学校。而这样做的唯一结果，就是抬高了好学校所在地区的房价。

在完全竞争的劳动力市场上，所有工人都完全知晓他们所面对的危险。在这种情况下，或许所有工人都会更喜欢另一种工作状态：每个人都接受较低的工资，但却能在工作中获得更高的安全性。不过，每个劳动力只能决定自己的选择，却无力控制其他人的选择。如果一个工人接受更安全的工作，而其他人则相反，那么，这个工人就不得不把自己的孩子送到较差的学校。因此，要获得预期结果，所有工人就必须采取一致行动。

仅仅知道个人行为之间的抵消性，并不能消除人们不采取个人行为的动机。在这个问题上，世界各地的很多国家都制定了类似政策，鼓励提供有利于私人劳动力市场的工作安全性。比如在美国，职业安全与健康管理局对不同行业必须遵守的安全措施及程序作出了详细规定；此外，公司还必须承担工人的工伤保险，保险提取比例随着工伤事故的增加而递增。尽管这些手段不够完善，但毋庸置疑的是，安全水平必将因此而得到提升。

“大政府”的反对者往往叱责这些政策是对个人自由无理的侵犯。例如，塞勒与桑斯坦是这样描述安全规范的：

> ……他们把固定模式强加于人，而且毫无疑问地伤害到某些人的利益。这样的法律直接否定了人们以工作环境安全性(而且是政府所认为的安全）换取更高工资的权利，尽管某些工作经验更丰富、见识更广的人或许就喜欢这么做。

这句话隐含的意思就是：至少对于见多识广的工人来说，即使没有规章制度，亚当·斯密的“看不见的手”依旧能在工资和安全性之间实现更优的组合。

达尔文已经明确指出，生命中很多最重要的领域都存在相对状态，同样，落户好学校所在的地区或是景色优美地段的决定因素，将是他的相对收入，而不是绝对收入。在相对收入更重要的时候，“看不见的手”就不复存在了。此时已没有理由让人们相信，个体利益会引导资源用于最有价值的用途。

我们再次看到，在我对安全规范的解释与托马斯·谢林对冰球比赛头盔规定的解释之间，存在着令人惊讶的相似之处。如第1章所述，谢林首先提到，那些可以自作主张的冰球运动员会毫无例外地选择在比赛中不戴头盔，但是在征求他们的意见时，同样会毫无例外地强烈赞成在比赛中佩戴头盔。他对此的解释是，这种差异源于个体利益与集体利益间的冲突。如果个别运动员在比赛中脱掉头盔，他会赢得轻微的优势，他认为这种优势足以弥补受重伤概率的增加；其他运动员如果拥有同样的动机，不可避免的结果就是所有冰球运动员在比赛中都不戴头盔。于是，两队的选手都赢得自己期望得到的优势，与此同时，也都面临受重伤概率增加的结局，基于这个结果，他们自然都赞成比赛中必须佩戴头盔的规定。

仅仅理解形成问题的激励机制显然还不足以解决问题。要解决问题，就必须以强有力的方式改变个体利益。这正是联盟实行必须戴头盔的规定所希望达到的效果。对于那些在比赛中不戴头盔的运动员，唯一可以选择的出路就是组建一个自己的联盟。这与工作场所的安全规定是一个道理。那些不想接受安全规定强制约束的工人只能到另一个对工作安全没有要求的国家去找工作。但是，就像我们下文中将要看到的一样，这样的国家很可能是他们最不愿意居住生活的国家。

我对安全规范的解释并不是说，在对安全性作出强制性规定前，人们就是在给别人准备免费午餐。就像谢林提到的例子那样，在管制缺失的情况下，市场机制带来的结果就是每个人都能在现有条件下选择最优方案。如果一个竞争厂家进入劳动力市场，给工人提供一份危险性更低而且工资更低的工作，没有人会接受，因为接受这份工作就意味着他必须搬到学校质量较差的地区。

我的解释也不需要假设人们对其面临的选择缺乏足够的了解，也不要求假设人的非理性。最后，也不一定要存在把自身意愿强加给弱者的强者。这个解释唯一需要的前提就是最基本的进化论思想：**个体利益经常与集体利益发生冲突**。在很多领域，当实现重要结果的能力主要依赖于相对结果时，就符合这种情况。

此外，个体利益与集体利益之间的分歧，还可以帮助我们了解导致“看不见的手”失灵的其他形式。自由主义者及“看不见的手”的其他拥护者们认为，市场力量不仅能指导人们实现安全结果与工资收入之间的最佳组合，还能找到其他工作特征与工资收入间的最优组合。譬如，我们不妨考虑一下工作的专业化问题。正如亚当·斯密所强调的那样，生产率自工业革命以来的爆炸性增长源自更细致的劳动分工及专业化生产。不过，斯密也注意到，随着劳动越来越专业化，他们对人的精神世界也发挥着越来越大的影响力。卡尔·马克思始终认为，资本主义加剧了这个过程，并这样斥责分工与专业化：

> 将劳动者割裂为支离破碎的人，把人退化为机器的附属物，让劳动彻底丧失最后的一点乐趣，变成仇恨的炼狱。

自由主义者及“看不见的手”的其他拥护者对马克思的观点同样提出了挑战，他们的观点就是：这会导致免费午餐的存在（或者说，桌子上还摆着钞票）。这与他们在安全问题上的论据基本一致。如果说工人始终认为自己的工作缺乏多样性，这就说明，在这些工人的心目中，增加日常工作多样性所带来的收益要高于减少专业化程度之后所带来的损失。但假如工人只关心相对收入，这种观点显然就不成立了。作为一个集体，如果所有工人都在工作中面对较多的变化性和较低的工资收入，每个工人或许都会更快乐。因为这种转换不会影响任何人根据相对收入实现其既定目标的能力。但是，在不危及实现上述目标的前提下，任何工人都不会转而寻求更具多样性的工作。

在相对收入成为主导因素时，个体利益与集体利益之间会出现冲突，这一事实也会导致人们对古典经济学的显示性偏好理论提出质疑。显示性偏好理论认为，与倾听人们口头表达出来的观点相比，观察其行为能让我们更好地认识人们的偏好。

去公司上班，还是在家工作？

> 假如某个人原本可以通过减少100美元的周薪来换取更大的工作多样性，但他却没有选择这样做，这只能表明，额外增

加的工作多样性在他看来不值100美元。当然，从个人评价的角度看，这个观点肯定是成立的。但是个体评价与集体评价并不一定总是相符的。

当相对收入起决定作用时，那些拒绝以100美元周薪来换取工作多样性的人或许会发现，如果每个人都采取这样的交换，由此带来的工作多样性的价值将远远超过100美元。

任何人都不能否认，在某种程度上，实现生活中很多重要目标的能力都依赖于相对购买力。这一事实的直接后果是，当某个人要求增加收入时，他不仅可以提高自己实现这些目标的能力，还同时削弱了其他人实现相同目标的能力。或者我们可以用经济学家的语言解释这个道理：**给某个人带来额外收入的同时，会给其他人带来负外部性**。

而很多自由主义者不是对这个问题视而不见，就是固执地认为他们有权按自己的意愿给他人带来间接伤害。不过，我将在第6章里指出，间接伤害问题将会让那些诚实善良的自由主义者面对艰难的选择。如果他要享受给他人带来间接伤害的权利，他就必须为这个权利提出有说服力的依据，事实将会证明，这注定是难上加难的事情。

相比于冰球联盟制定的比赛规则，政府的限制显然更为棘手，因为要让一项政府规定得以通过，这本身就需要符合很多更严格的标准。归根到底，差异也仅在于程度而已，绝不在于本质和类型。我们将会在下一章看到，并非没有办法解决这个问题，我们还是可以在不必借助立法的情况下减少给他人带来的伤害。

第4章

削减政府预算

饿死这只野兽

Starve the Beast——But Which One?

3.2亿美元修建1座桥，仅连接50人；640美元采购一只马桶座垫，435美元采购一只羊角锤……

依靠发债度日的美国政府为何如此“大手笔”？

有些毫无意义的项目最终还是变为现实。比如说，20世纪80年代曾存在着一个名为“美国军事采购项目”(The Project on Military Procurement)的组织，已更名为“政府监督项目”(Project on Government Oversight)，他们披露了一些案例，比如私人军工产品承包商据说曾以435美元的高价向政府出售羊角锤，马桶坐圈的价格达到了640美元，一台咖啡机的价格更是达到不可思议的7 600美元。假如说这些日常用品都可以诱使政府官员支付高价钱，那么，在那些涉及复杂尖端设备的采购合同中，又会存在多大的水分呢?

3.2亿美元建桥，连接50人

2005年，美国国会批准三笔单独拨款，政府拟出资3.2亿美元修建一条连接阿拉斯加州凯奇坎（Ketchikan）市区与格拉维纳岛机场的桥梁。但这个被称为“绝路桥”的项目，很快便成为政府铺张浪费的典型标志。

修这座特殊的桥梁，一开始就是一个糟糕透顶的主意。当时，凯奇坎城区的人口不到9 000人，而格拉维纳岛上更是只有屈指可数的50人。原来在城区到格拉维纳岛之间就有公共汽车，全程票价只有6美元，根据时间的早晚每隔15到30分钟发车一次。诚然，有了桥梁会让原有的交通更加便利顺畅，但这不足以成为如此巨大的投资项目的理由。

既然修建这座桥明显缺乏有说服力的依据，那最初为什么还有人提议开展这个项目呢？在反对者的讨伐宣言中，字里行间都渗透着这个问题的答案。提议修建这座公路桥的政客们希望借此讨好当地选民。他们可以把这笔开支强加给远在千里之外且对此一无所知的纳税人，他们甚至永远也不会注意，更不用说抱怨自己的税单上不知何时多出了一点点。而对于其他州的立法者来说，他们支持这个提议当然也有自己的盘算：一旦本州出现类似项目，他们同样可以接受其他州提供的这种互助支持。

这个故事的结局，就是被激怒的民众群起而攻之，最终迫使政府取消了这个项目。但是在每一份国会预算中，还是会有一大批这样的提议在浑水摸鱼，但他们规模太小，以至于根本就不会出现在公众的视野里。

把政府塞进浴缸

政府反对派显然找到了突破口，这的确是政府铺张浪费的表现。但最让人们感兴趣的问题是如何应对这种现象。很多自由主义者坚信，最有效的对策就是“饿死野兽”（Starve-the-beast，即通过控制税收来源限制联邦政府的开支和权力扩张。——译者注）。对此，著名反纳税宣传机构、美国税制改革委员会主席格罗佛·诺奎斯特（Grover Norquist）给出了一个绘声绘色的描述：

我并不想废弃政府，我只想尽可能地缩减政府规模，这样，我就可以把它拖进浴室，然后塞进浴缸。

这些拥护者的观点非常简单，凡是交给华盛顿（或者萨克拉门托和奥尔巴尼）的钱，都会被无一例外地浪费掉。因此，有效的解决方案就是尽可能地不要把钱送到这些地方。对于他们来说，加利福尼亚始终是他们向往的地方，该州有一项特殊的法律规定：允许选民直接对立法提案进行表决。

人们一直在说，如果你想知道美国将向何处去，只需研究一下加州即可。该州最早通过立法，严格限制汽车尾气造成的环境污染问题。此外，加州不仅为在全美推行节能家用设施开辟了道路、率先扩大妇女和少数民族权利，也是最早着手解决二手烟问题的州之一。最后，加州还解决了过去 30 年频现于美国民众当中的反税运动。

1978 年 6 月 6 日，《13 号提案》（*Proposition 13*）在一场近乎于创纪录的民意投票中赢得了 65% 的选票。这项正式名称为《全民房屋财产税限制案》（*The People's Initiative to Limit Property Taxation*）的提案，被选民们称作《贾维斯 - 甘恩提议案》（*Jarvis-Gann Amendment*），它源自两名提议者的名字。霍华德 · 贾维斯是一位来自橘子郡的商人，也是一位坚定不移的税收反对者；保罗 · 甘恩则是一位来自萨克拉门托的保守派活动家。该议案的核心就是将加州房产税限定在应税房产估值 1% 的范围内，而且在任何一年内的上涨幅度均不得超过 2%。

有关《13 号提案》给加州带来的具体影响，人们一直各持己见；但任何人都不会质疑，它有效遏制了税收的长期上涨趋势。不同于联邦政府，州政府通常不允许长期维持预算赤字。因此，有一点几乎毋庸置疑：《13 号提案》还将大幅限制政府开支。

在政府开支中，总会有一部分被浪费。因此，《13 号提案》的拥护者可以毫无顾忌地声称，这项提案减少了政府的铺张浪费。但是要说服中间立场者认可，从而让加州成为更宜居城市，显然并非易事。大部分政府项目之所以能存续下去，是因为选民还需要它们。尽管的确有很多项目物有所值，把钱花到了实处，但总归会有一部分钱浪费到毫无意义的项目上。当收入缺口迫使政府削减预算时，哪些项目将最终得以幸存，就完全取决于选民的支持力量有多大了。但是，正如阿拉斯加“绝路桥”告诉我们的那样，某个群体支持一个项目，绝不意味着这个项目符合大多数公众的利益。于是，我们便可以得出这样一个无法回避的结论：《13号提案》也导致很多有意义的项目被搁置甚至取消。

所有这一切带来的最终效应又是什么呢？1998 年，彼得·施拉格在《失去的天堂》(*Lost Paradise*)一书中探讨了这个问题。施拉格曾在《萨克拉门托蜜蜂报》（*Sacramento Bee*）担任社论版主编长达 19 年，他通过深入研究，站在完全中立的立场，对加州在通过《13 号提案》及其他旨在削减政府规模的公投议案后20年内的社会经济情况进行了综述。

他所描绘的社会状态，全然不同于“二战”后已成为国家“典范和极致目标”的美国。在出版《失去的天堂》以后的 10 多年里，加州的财政状况持续加剧恶化。例如，仅在 2009 年，收入缺口便迫使州政府再次削减预算约 200 亿美元。实际上，实施《13 号提案》的前 20 年就已经让加州改头换面。对此，施拉格在《失去的天堂》一书中写道：

> 30 年前，加州的学校曾是全美国资金最充裕的学校，但时至今日，它却在校园建设、政府资金支持和考试得分等几乎每个主要指标上沦落为排在垫底 1/4 的州，在大多数指标上已接近最糟糕的密西西比州，而与排名靠前的纽约或者康涅狄格州渐行渐远。曾经令人羡慕的加州高速公路网，如今也成为美国最破烂的路网。很多公立博物馆均已缩短开放时间，有些博物馆甚至干脆关门大吉。曾经标榜为全美最慷慨大方的加州社会福利，如今已被大幅削减，而且是一而再、再而三地削减。
>
> 尽管以往一直免除学费的加州大学教育体系依旧位列全球顶级公立教育机构的行列，但现在却不得不为了筹集教育经费而绞尽脑汁，以至于只好放下尊严，像其他州立大学那样收费，甚至有过之而无不及。

对此，《13 号提案》的支持者反驳：

> 其他因素导致加州经济陷入长期性衰退，这一点当然毫无疑问。但有一个事实同样毋庸置疑，长期性的收入缺口始终是导致加州陷入困境的核心。

反政府活动家们坚持认为，解决收入缺口问题的最佳途径就是削减政府开支。除了这些铺张浪费项目的直接受益人之外，还有谁会反对这样的建议呢？但最艰难的问题还是在于如何在削减浪费性开支的同时，不至于带来代价更为惨重的间接伤害。经验表明，“饿死野兽”策略绝非解决这个问题的答案。

拧紧政府浪费的水龙头

对于这种“饿死野兽”策略的支持者，或许可以把他们比作为治疗肠道寄生虫疾病而让患者停止进食的医生。他们会这样解释自己的理由：患者的进食恰恰就是这些寄生虫的生命线。切断这条生命线，寄生虫迟早会死掉。的确是这样，但患者本人或许会先于寄生虫而被饿死。正因为如此，所有已批准的肠道寄生虫治疗手段都采取更具针对性的方法。这些方法的目的就是在试图直接攻击寄生虫的同时，最大限度减少对宿主带来的间接伤害。

进一步引申寄生虫与宿主关系这个类比可以给我们带来的启示是，任何复杂的有机体都不可能彻底摆脱寄生虫。有机体因为寄生虫携带数量减少而受益，因此，自然选择才会始终偏爱拥有有效免疫系统的有机体。但自然选择同样也始终偏向于最有效的寄生虫。由此可见，抵御寄生虫的这场搏斗本身就包含着成本与收益之争。而赢得这场对峙的基本策略也无异于其他任何领域的对抗：首先寻找成本最低的武器，然后再利用他们攻击最危险的寄生虫。

但总有一天：这个武器给宿主带来的成本超过给最危险的寄生虫带来的成本。在此之后，再继续消灭寄生虫实际上反而会削弱有机体的生命力。

同样的道理也适用于政府的浪费问题。减少政府浪费的最好办法，就是首先要从现有武器库中找到成本最低、收益最大的武器，然后运用这个武器直接攻击造成浪费的首要诱因。当然，要做到这一点，我们首先要问问为什么会存在浪费。而这个问题的答案往往是：政客们之所以支持浪费性项目，完全是为了迎合重要竞选赞助方的需求。因此，反对浪费者最关注的立足点可能就是有助于减少对大规模竞选赞助依赖性的立法。

小规模捐赠因捐赠人无力要求立法者作出重大妥协，而难以构成严重威胁。执行更严格竞选筹款法的成本相对较低，而且这样的法律很可能抑制造成政府浪费行为最重要的根源。但美国最高法院在最近几年似乎并没有兴趣推行更严格的竞选筹款法。相反，最高法院对“联合公民联邦选举委员会”案（Citizens United v. Federal Election Commission）充斥争议的判决似乎表明，它的意图就是要收回以往对企业竞选捐款的限制。

除非最高法院再作思考，否则，政府浪费行为的反对者们只能另寻出路。例如，“绝路桥”这个故事带给我们的一个教训就是，只要更多选民了解事实真相，那些毫无价值的政府项目首先在政治上就不太可能有存在的理由。信息革命已经大幅减少了向选民传递信息的成本，因此，我们完全有可能在信息完全性方面取得更大进步。同样，信息革命也可能导致信息总量出现爆炸性增长，以至于我们每天都不得不面对信息轰炸。因此，要让选民关注到浪费型项目的存在要比以往任何时候都要困难得多。

总之，攻击政府的浪费行为是我们不得不面对的挑战。展望未来，尽管新技术和更科学的制度设计或许帮助我们取得长足进步，但永远也不可能彻底消灭浪费行为。

预算削减过度的“后遗症”

当前，最迫在眉睫的压力在于，尽管很多极其重要的任务还没有得到解决，但政府的腰包却早已经空空如也。比如说，2010 年 7 月，《华尔街日报》披露，在整个美国，预算缺口已迫使很多州不得不将沥青路降级为砂石路：

> 随着整个国家开始为紧缩预算和日趋萎缩的州及联盟收入而感到越来越头疼，作为美国经济成果的发展标志，乡村地区的公路铺设正在遭受沉重打击，与此同时，高等级公路也开始不断被粗糙不平的低等级公路取代。
>
> 在密歇根州的 83 个郡中，至少有 38 个郡已在近几年里陆续将沥青公路改造为砂石路面。仅在 2009 年，南达科他州就有至少 100 英里（约 160.93 公里）的沥青路面改造为砂石路面。阿拉巴马州和宾夕法尼亚州的很多郡也开始着手将沥青公路转为成本更低廉的砂石路，这些公路经常被人们称为“穷人之路”。俄亥俄的某些郡甚至干脆任由原来的沥青公路损毁破坏，变成碎石路。

问题在于，这些举措不仅没有给政府省下任何钱，反而让政府更加变本加厉地搜刮美国人。道路上的坑洼不平及其他各种各样的道路损毁，导致每辆汽车每年不得不承受超过 100 美元的损失，更不用说由此而招致的道路交通人员死亡及重伤。实际上，如果道路维护被推迟两到三年，维护成本就会增加 1 倍多。

由此，今天在道路维护上花费 1 美元，就可以避免在 3 年后不得不花 3 美元做同样的事情。即使我们忽略道路洼陷以及交通事故造成的人员伤亡成本，这笔投资的年均回报率依旧超过 18%。

联邦政府可以按远低于此的利率借到钱。例如，自 2001 年以来，10

年期国债的利率始终超不过 5%。由此，卖掉国库券，然后把这笔收入再投资于年均回报率超过 18% 的项目，马上就可以给美国政府的资产负债表带来改观。任何私营企业都不会放过这样的投资机会，而且美国似乎也不缺少这样的投资机会。在整个美国，约有 50% 的主要道路及高速公路处于待维修状态，意味着这些公路还在“破裂、坍塌并且一再被推迟维修”。

不过，即使是当前迫切需要增加公共投资的经济大环境下，美国政坛上的反纳税、反政府风潮让政府无暇商讨这类投资。我在这里指的是 2008 年由金融危机引发的深度经济萧条的大环境。

2007 年底以前，总支出水平还足以支撑全体美国人充分就业。之后，房地产泡沫开始破裂。基于虚假房屋价格的家庭抵押贷款狂潮推高了房价，导致房价不断膨胀，直到无法维持，而随着房价暴跌，消费水平也一落千丈。反过来，由于大多数企业产能过剩，因此，一举崩溃的消费又导致投资遭遇同步下跌。随着其他大多数发达国家的经济亦陷入低谷，他们对美国出口的需求开始锐减。到 2008 年底，产量与就业量的下滑速度已经远远超过“大萧条”初期。

当世界经济在 20 世纪 30 年代陷入深度萧条时，很多经济学家依旧坚信，最可取的政策就是平衡政府预算。经济衰退已经造成税收收入大幅削减，因此，这就要求采取削减政府开支和提高税率相结合的政策。赫伯特 · 胡佛总统治理“大萧条”的基本策略即源于这种主流经济理论。尽管他的政策不仅没能摆脱萧条而且还火上浇油，但以此指责他也不公平。

但富兰克林 · 罗斯福总统本能地认识到，主流的正统理论已被人们误解。于是，他把这些理论抛到脑后，进而扩大政府开支，大兴土木，大规模开展公共建设项目，让失业者直接就业。直到约翰 · 梅纳德 · 凯恩斯在 1936 年出版了《就业、利息与货币通论》（*The General Theory of Employment, Interest, and Money*），经济学家们才拥有了一个合乎逻辑的理论框架，让他们认识到罗斯福的直觉是正确的。凯恩斯解释了处于大萧条状态的经济通常不会自动复苏的原因，被无数人奉为20世纪最伟大的经济学家。

凯恩斯指出，消费者不会带领经济走出萧条，因为即使是那些有工作的人也担心失业。企业也不会贸然投资，因为他们产能过剩。凯恩斯认为，只有政府有机会和能力在经济深度萧条期间大规模增加开支。

尽管目前多数经济学家赞同凯恩斯治理经济萧条的政策，但还有一些不乏影响力的经济学家为自由主义者及其他反政府活动人士出谋划策，为他们找到反对一切经济刺激措施的灵感。我曾在很多场合要求这些经济学家给出增加政府开支不会导致萧条经济加速复苏的理由。但是在大多数情况下，他们要么是不愿明确回答这个问题，要么是无法清晰地回答。

因此，在看到经济学家李·奥海宁（Lee Ohanian）为解释政府开支无益于经济而作出的努力时，我看到非常欣慰。他的核心观点就是，“对所得或是与消费并肩而行的开支征收更高的税负，会压制经济活动”。

因此，刺激政策反对者最终会提出这样一个令人咋舌的论调：当政府现在花掉借来的钱时，消费者就会发现，他们将来会面对更高的税负，而这就会让他们不得不削减当前开支。由此产生的消费下降将会完全抵消政府开支的上涨，以至于不会形成任何刺激效应。

这种说法已让很多心理学家把经济学家称作一群“高智商但没头绪”的人。为了减少未来的不确定税收负债，某些人或许会选择减少当前消费。但你根本就不可能知道到底哪些人会这样做。而且正像行为经济学家们几十年以来的一贯立场：这根本就不是大多数人的行为方式。几乎任何消费者都不知晓这个国家的债务到底有多大，更不用说，它对未来的税负会带来哪些影响。

按照传统的经济模式，人们会在工作期间积攒足够的储蓄，以避免生活水平在退休之后出现下降。但现实证据却告诉我们，大多数人的储蓄水平还远不能满足这个目的。即使是冒着退休后不得不吃糠咽菜的危险，也不足以刺激人们去积攒更多的钱。但反政府人士却想让我们相信，在未来的某个未知时日承受某种不确定税收负债的可能性，将会促使人们增加储蓄，而这种增加的幅度将足以抵消政府开支的增加。

尽管这种说法有点荒谬，但是按照这种反纳税和反政府的思维，只要某些人认为经济刺激计划无济于事，就足以给整个问题下定论了。总是有人在告诉我们，用借来的钱去实施经济刺激计划只能增加国家的债务水平，这无异于压榨我们的子孙后代。既然大多数人都不愿意让子孙后代替自己还债，那么，这个问题也就没什么讨论的余地了。

但审慎的公共性投资根本就不会殃及我们的子孙后代。相反，当政府按4%的利率借款，并在经济衰退期间把这笔钱投资于能带来18%回报率的项目，最终的效果不仅能让那些失业者重新就业，而且必将惠及我们的子孙后代。

在充分就业的经济中，用税收收入而不是借款为这些投资买单当然是更好的选择。但反纳税论调显然排除了这种可能性，就连那些将从特定政府投资中直接受益的当地居民也会反对为此增税。正如《华尔街日报》记者劳伦·埃特尔所言，在北达科他州，很多因为道路质量因深受其害的当地居民似乎也对这样的解决措施心有怨言：

> 6月份，斯塔茨门郡居民否决了一项通过增收房产税和销售税为维修道路筹集资金的提案。在北达科他州斯皮里特伍德郡的“运动人酒吧”，当地居民鲍勃·鲍曼告诉记者：“我宁愿让自己的孩子在坑洼不平的砂石路上开车，也不愿让他们去交一大笔税。”

在砂石路上，一辆汽车溅起的石块砸碎另一辆汽车的挡风玻璃是常有的事情，更换一块挡风玻璃就会花掉1 000美元。而在沥青路上发生这种事情的概率就小多了。这只是最初修建沥青铺面道路的诸多原因之一。而拒绝维修道路显然不是一个良性经济体应该做的事情，这一点毫无争议，但公众在讨论税收问题时对此却只字不提。

国家越富有，政府会越廉洁吗？

需要重申的是，我的观点并不是说政府从不浪费。政府的浪费行为是不可避免的。但很多反政府人士却由此得出一个他们深信不疑的结论：政府行为有害无益。事实上，很多国家都曾经给这个世界带来过重大伤害，这一点没有任何疑问。即使是在今天的很多国家里，普通居民在财产被盗时依旧不敢报警。因为在这些国家，腐败已经成为常态。

位于柏林的非营利性组织“透明国际”（Transparency International）通过定期调查，对世界各国政府进行评估。该组织将腐败定义为“为私人利益而滥用公权”，并以此为基础定期发布“贪污印象指数”（Corruption Perceptions Index，简称为 CPI。——译者注）。在调查中，他们请被调查人评价“对本国公共机构及从政人员腐败程度的感觉”。在“透明国际”发布的“贪污印象指数”排行榜中，缅甸和索马里等国常年排名居后。这些国家以及其他在该指标上得分较低的国家，如海地、乌兹别克斯坦、汤加及阿富汗等国家也是世界上最贫穷的国家，这显然并非巧合。

不管这些国家的政府有多么糟糕，但是有一点必须注意到：在这个星球上，绝不存在一个没有政府的国家，假如存在这样一个国家，他们的疆土早就被其他拥有政府和军队的国家所占领和拥有。既然政府的存在是不可回避的，那么，唯一的问题就是要建立一个尽可能好的政府。

尽管反政府者底气十足，但依旧存在一些较为廉洁的政府，他们在一定程度上规避了腐败，至少在合理限度内满足了国民对公共物品和公共服务的需求。在“透明国际”2007 年的排名中，丹麦、芬兰及新西兰共享了全球最廉洁国家这一殊荣。进入前 10 名的其他 7 个国家分别为新加坡、瑞典、荷兰、瑞士、加拿大及挪威。这些国家中的大多数恰好又是世界上最富有的国家，这同样不是什么巧合。

毫无疑问，这种因果关系具有双向性，财富与廉政是相互影响的。一个更诚实、更有效的政府当然有助于鼓励提高人均收入水平的活动。而更富有的国家则会让其国民更愿意，而且也更有能力去创建更有效的治理模式。但人均收入与“贪污印象指数”之间的关联性显然就不够完美了。例如，人均收入水平超过 2007 年居民消费指数（CPI）前 10 名国家的美国，在“贪污印象指数”的排名仅为第 20 名，很大一部分原因在于我们的竞选筹资制度腐蚀了国会和议会。

在那些政府诚实而高效的国家里，任何人都会认为，支持这种政府是一笔回报率高的投资。但这显然不是美国反政府派所宣扬的思想，他们中的很多人对政府的态度几乎就是毫无遮拦的蔑视，在他们看来，政府服务根本就是无稽之谈。就像罗纳德·里根经常说的那样：“政府对经济的观点可以用几个短语来总结：如果经济增长，就征税；如果经济继续增长，就调控；如果经济停滞不前，就补贴。”诚实高效的国家依赖于具有职业操守和职业素质，而且以从事这项工作为荣的公务员；而以蔑视态度看待政府风气，自然会导致政府难以吸引到既有天分又有奉献精神的公务员。

实际上，即使是反政府派掌握国家权力，也未必就能找到他们所期待的那种公务员。而且，那些以政府无用论为基本指导思想的人或许会觉得，任用对工作毫无兴趣的亲朋好友并无坏处。但“卡特琳娜飓风”初到时发生的故事却清清楚楚地告诉我们，任人唯亲的做法最终必然会带来灾难性后果，把政府职能交给对领导使命漠不关心而且不称职的亲朋好友，绝对是有害的。

任何理智的人都认为取消政府是一种不可取的方案。假如我们必须拥有一个政府，那么，就绝对有必要认真思考到底如何维持一个好政府。我们到底需要哪些公共物品和公共服务？我们怎样才能吸引到我们愿意信任并能委以重任的人去担任公务员？

但最紧迫同时也是最现实、最困难的问题在于，需要马上满足的资金需求已经远远超过当前的税收收入。在未来的 20 年里，随着“婴儿潮”一代人陆续到了退休年龄，这种财政缺口还将迅速扩大。在减少政府浪费的同时，我们当然应该继续寻找有创造性的途径填平这一缺口。但是，当削减预算的压力开始把沥青路变成砂石路的时候，这种节约显然就过头了，只能带来事与愿违的结果。

反政府派认为，消除浪费比取消有益于我们的活动更有利于节约资源。他们之所以会这样认为，是因为在他们看来，市场经济中最大的浪费来自于政府。就像他们最喜欢说的那样：人们在花自己的钱时，肯定不会像华盛顿的官僚花钱那样，大手大脚，不假思虑。

但仔细分析，并非所有典型的政府浪费项目，最终都会如当初看上去的那样。比如说，本章开始提及的7 600美元咖啡机由洛克希德公司（Lockheed）制造，当时，我的一位大学同学罗纳德·杜博斯就在这家公司就职。那款价值640美元的马桶座同样来自洛克希德公司。杜博斯把自己说成是自由主义人士，他倾向于认为，政府开支在总体上是极端浪费的。但是在一封谈及这些特殊项目的电子邮件中，他却是这样说的：

> 当这款臭名昭著的咖啡机被公之于众时，我就在洛克希德公司工作。实际上，我恰好就负责测试这款咖啡机。这里面还有其他故事：
>
> 飞机需要两种电源，一种是28伏的直流电，另一种是115伏的400赫兹交流电。为此设计的咖啡机必须能在400赫兹电源下工作，这就使得这款咖啡机完全不同于我们平常在厨房里使用的咖啡机。之所以采用400赫兹交流电，是因为它可以让马达及其他零部件尺寸小于60赫兹时的尺寸。对于飞机来说，每一英镑重量对应的成本都是以乘客的生命来计算的，因为设计师必须保证投入任何一条航线的飞机都能在40年寿命期内携带足够燃料，安全抵达目的地。因此，这在经济上是一个极其合理的决定。
>
> 其次，需要指出的是，由于C5“银河”运输机的全部生产流程包括120个单元，因此，开发成本很难体现在生产过程中。最后一点，飞机上的所有零部件均需经过测试，以确保能

在军用条件下正常使用，不会出现失火或其他故障。这些测试通常要包括“MIL STD 810环境测试”，涉及冲击、震动、高温及低温等等。

因此，所有部件都需要进行几个小时的摔打（硬着陆）和剧烈震动。仅仅是这些检测就要花费很多，要通过这些检测同样会增加成本。因此，抱怨咖啡机生产商往往会给人们造成错觉。我一直对初期费用和运行次数这么低而感到不可思议。我本来觉得他们还应配备大多数军用飞机都必不可少的暖水瓶，C5也是军用运输机，我相信这些家伙会同意这笔“投资”的。

同样臭名远扬的“马桶座垫”并不是由我来负责的，因为它是属于C130“大力神”运输机的配件。但它显然不同于哈德瓦公司生产的马桶座垫。他们所说的是指我们在商用飞机看到的那种环形模塑式玻璃钢的马桶座垫，体积约为3立方英寸（约合49.16立方厘米），盖在座便器上。真正的“马桶座”则是安装在整个座垫上。由于低运转频率要求在制作过程中采用人工塑模及手糊工艺，因此，这样的成本无论如何都是完全合理的。

但是，即使是最臭名昭著的政府浪费案例也会误导公众，在很多情况下，实际上是因为政府采购部门谈判能力不足，而就订单进行价格谈判时遭遇滑铁卢。我们对人类本性的一切认知都表明，某些人在花费自己的钱时注定要比花别人的钱更谨慎，更有可能去寻找低价位。私人部门同样竞争激烈，这自然有助于降低采购价格，甚至会在一定程度上逼近于实际生产成本。

客人不在乎这场宴会花掉多少钱

在私人领域，尽管大多数人在购物时都会非常谨慎认真，还是有很多人在采购时甚至会比公共部门更铺张浪费，不仅仅是因为私人领域的规模更大。在私人领域，大多数浪费现象不是因为人们为购买某种商品或服务支付的价格太高，而是因为实现很多重要目标的支出金额往往依赖于其他人在类似情况下的支出水平。这也是体现达尔文认为个体利益与集体利益存在尖锐冲突的另一个例证。

我们不妨假设，你准备为子女举办成人礼宴会。这显然是一个不同寻常的场合，你当然希望能把这次宴会办成一个中规中矩的成人仪式。但到底这个规矩应该是怎样的，却在很大程度上依赖于具体环境。

让人咋舌的"天价"成人礼

2005 年，一位来自纽约的 CEO 为了给孩子举办成人宴会，花费了 1 000 万美元。

他将孩子的 150 位朋友邀请到洛克菲勒中心顶层的"彩虹"宴会厅欢聚一堂。晚宴还特意邀请了五角乐队、史密斯飞船乐队、丹·亨利、斯蒂夫·尼克斯及其他知名人物为聚会献歌。宴会结束后，所有客人均获赠一个大礼包，里面当然不会缺少这种场合不可或缺的礼品：一部价值 300 美元的 iPod。

尽管他在当时曾为自己的铺张浪费备受指责，但我们完全能够想象到，这位父亲的动机显然是出于善意，绝对是无可指责的。他或许只是想通过这样一场宴会向外人显示自己对女儿的至深之爱，更想让这次宴会成为一次让女儿终生难忘的经历。

在金融圈里，每个人都会花费一大笔钱为孩子举办这种具有特殊意义的仪式，因此，定义这个"特殊"的标准自然就会非常之高。对应地这个标准也自然要远远高于 30 年前，因为在今天，富裕家庭拥有的财富也远非那个时代所能比的。

尽管中等收入消费者与高收入 CEO 的社会圈子几乎没有重合之处，但无论是对于中低收入者还是 CEO，定义这种"特殊场合"的标准都有了很大的提高。比如说，我们可以看看时尚专家玛丽·埃伦·菲洛对康涅狄格州富裕家庭的近期趋势是怎样描述的：

> 我看到一篇关于为子女举办宴会的文章，名为《难道你不希望让自己的宴会像我们的一样火爆吗》。说这句话的是来自里奇菲尔德郡的苏珊·雷尔登，这位母亲准备花费 12 000 美元为即将 16 岁的女儿格蕾丝举办一场生日宴会。
>
> 这些计划包括为所有客人特别设计制作的邀请函、搭建帐篷的庭院、铺盖绒布桌面的圆桌、一块舞池专用地、一支乐队、一个冰激凌圣代自助吧以及根据整个仪式制作的 DVD 碟片。

不管收入水平高低，每个家庭为亲人举办这种特殊仪式花费的开支都在逐年增加。2009 年，美国人举办婚礼的平均开支为 28 082 美元，而这个数字在 1980 年只有 11 213 美元。所有这些额外支出的总体效应自然就是提高了定义特殊场合的开支标准。尽管这些活动的最终成本明显超过以往，但是在曲终人散的时候，却没有一个人觉得它们有什么与众不同之处。

别让“消费瀑布”洗空你的钱包

自由主义者对亚当·斯密“看不见的手”的信仰植根于这样一个假设：消费者的支出在根本上与具体环境无关。但具体情况却往往对消费水平具有决定意义，促进个人进行消费的动机往往会造成具有浪费性的结果。例如，在近几十年，企业 CEO 收入的爆炸性增长已经让很多高管给自己修建起越来越大的宅邸。但这些宅院早已经跨过了通过增加绝对规模还能继续带来额外效用的临界点。大多数企业高管需要，更确切地说是奢望更大的宅院，仅仅是因为定义这个“大”的标准一直在提高。

这些变化背后的驱动力始终是收入增长模式的根本性转换。在“二战”结束后那段时间，各收入阶层的收入增长基本都维持在接近于3%的相同水平。但是到了1970年左右,这个模式却发生了变化。从此以后，除了位于收入金字塔塔尖的家庭以外，其他阶层的收入平均增长率持续降低,而塔尖人群的收入增长率却达到了历史最高水平。比如在1980年，美国最大企业CEO的收入水平约为普通工人的400倍。不管我们怎样分析这些数据，都不能否认这样的现实：在收入金字塔上的位置越高，他们的收入增长速度也越快。

这种转变已经引发了一种被我称之为“消费瀑布”效应（Expenditure cascades，即每个人在确定消费水平时的参照对象都是比自己更富有的人群。——译者注）的社会现象。收入最高人群为自己建造更大的住宅，仅仅是因为他们有更多的钱。中等阶层本不必为此而感到烦恼，但图片、文章或是电视节目却恰恰让他们被富人和名人的五彩世界所迷惑。这就让顶级富人的豪华住宅在潜移默化中改变了较富裕人群对可接受住宅的基本参照标准，而这些较富裕人群的生活圈又恰好存在于顶级富人和中等收入者之间。于是，在他们的社会交际圈中，或许就会因此而形成新的风俗：举办晚宴邀请的人数必须达到36个人，而不是24人；必须在家中举办结婚典礼，而不是去酒店或者俱乐部。因此，这些较富裕人群也会给自己建造更大的住宅，而这又会改变与他们相比收入较低人群的参照标准，以此类推，这种自上而下的影响沿着收入递减的人群逐渐下移。到2007年，单个美国家庭新建住宅面积的平均值已超过2 300平方英尺（约213.67平方米），这个数字整整比1970年增加了至少50%。

今天，中等收入者建造更大住宅，为特殊仪式开支更大，并不是因为他们的口袋里有更多的钱。实际上，中产阶级家庭的收入水平在过去30年内并没有发生任何实质性的增长。他们之所以要造更大的住宅，消费掉更多的钱，完全是因为和他们一样的家庭都在建更大的住宅，消费更多的钱，换句话说，这样事情的发生就是因为收入增长模式的变化。这种“消费瀑布”现象不仅仅出现于住房及特殊场合的宴会方面，而是存在于各个领域。

当然，并非所有额外增加的消费都毫无收获。例如，更大、更纯正的钻石总能吸引更多人的眼球，即使是那些居住在荒岛的原始部落也会发现它们的诱人之处。但大部分增加的消费还是被浪费掉了。一旦豪宅的规模超过某个特定限度，完全受社会潮流影响而增加的空间不会给他们带来任何有价值的内在效用。在这种情况下，拥有一座超大豪宅还会带来更多的烦恼，至少主人要寻找更多的仆人替自己打理和维护房屋，还要监督他们的一举一动，而且这又增加了雇工泄露隐私的风险，让自己的家事成为尽人皆知的话题。总之，麻烦和烦恼还远远不止于此。假如所有豪宅全部缩小一点，那么，拥有这些豪宅的富人肯定都会比以前更轻松快乐一点。

如果我们能认识到这样一个事实：全部消费者支出的水平相当于政府总开支的两倍多，那么，我认为私人领域的消费要胜于公共领域的观点也就不足为奇了，至少不会让那些原以为这种情况不可能发生的人觉得不可思议。

在任何情况下，最重要的问题并不在于私人浪费是否超过公共领域，而是在于我们到底应该关注那些把有限资源用来解决当前最紧迫的预算缺口。实际上，减小政府浪费的措施一直在实施之中，任何对这一原则的严重违背都会成为千夫所指之举。因此，饿死野兽的做法似乎已经弊大于利。而人们在实现既定目标所对应的消费标准上的变化，则成为另一种不同类型的“野兽”。为了突出具体环境在很多重大消费决策中发挥的作用，我姑且把这种标准或者说这只野兽称为“位置消费”（或称“炫耀性消费”。——译者注）野兽。毫无疑问，这只野兽远比政府更加迅猛。

寻求减少私人领域浪费的途径还在起步之中。但我将在第5章里指出，并不是没有好消息：在现实中，减少私人浪费远比减少政府浪费容易得多。因此，只需用一种相对较为简单而且不需对行为动机作出重大调整的方法，我们就可以饿死“位置消费”这只野兽。

第5章

位置消费

你身边时刻发生的“军备竞赛”

Putting the Positional Consumption Beast on a Diet

里根总统如何引诱苏联搭上“军备竞赛”的贼船，直至解体？纽约“扬基”大老板乔治如何智斗职业棒球联盟，最终摘得冠军？

弗里德曼因何被戏称小政府保守派的“保护神”？

达尔文认为个体利益往往与集体利益存在尖锐冲突，关于这个观点，最明显的例证莫过于军备竞赛问题。虽然不算陌生，但人们对军备竞赛这个例证的了解显然还不够完整。

导弹再多也保证不了民众安全

我们不妨看看最简单的军备竞赛过程：一个国家首先通过构建新军备系统而对另一个国家形成优势，而这又刺激对手增加军事装备，从而达到原有的势力均衡。之后，第一个国家继续构建更多的武器，并引发对手作出相同的反应，以此类推，无休无止。当尘埃落定时，尽管双方都在武器装备方面耗费大量资源，但任何一方都没有因此而获得更大的安全性。

假设敌对双方在最初的实力对比上处于均势，那么，任何人都会从根本上同意，这个过程就是在浪费资源。如果双方都能减少军备投入，把更多资源用于改善学校、住房、医院、道路或其他非军事设施，结果肯定会比这种毫无意义的军备竞赛好得多。

最常见的解决方案无疑就是签署军备控制协议，双方按协议约定共同减少军备开支。缺乏相互信息或许是达成此类协议的最大障碍，而成功的裁减军备费用往往依赖于对双方执行情况的无障碍核查，就像罗纳德·里根所说的那样：“信任，但是不能没有核查”。

总体而言，到现在为止，一直都还算不错。但这样的说法却留下一个有待解决的重要问题：到底满足哪些条件会引发军备竞赛呢？如果有人说某种东西太多了，他的言外之意就是说别的某种东西太少了。而在军备竞赛中，炸弹过多，国内消费品过少。但是，为什么会在一个方面出现失衡，而在另一方面却不会出现失衡呢？换句话说，国家为什么没有通过建立更多、更好的医院和道路去逐个解决问题，并在这个过程中削减军备开支呢？

这个问题的答案既简单又有启发意义：尽管具体环境对一个国家实现它在这两个领域中的目标非常重要，但对于军备来说更为重要。最简单的情况就是两个国家相互博弈，在这种情况下，我们的武器储备是否充足几乎完全依赖于另一个国家武器储备量。如果对方国家的军备规模更大，那我们的政治独立性就岌岌可危了。假如我们的武器装备规模更大，那么我们就是安全的。

尽管具体环境对消费品同样也很重要，但比起对军用品的影响来说就差多了。例如，一国消费者在听说对方国家居民拥有性能更好的电视机和汽车时可能会感到不悦。但是与失去政治独立性相比，这种不悦的代价显然不足挂齿。

如果没有这种非对称性，军备竞赛或许永远都不会发生。相比之下，我们不妨假设这种具体环境对消费品的影响大于对军备的影响。此时，尽管一个国家或许可以通过建造更多的武器弹药而领先于竞争对手，但这带来的直接后果就是可用于购买面包烤箱的钱不够了。如果在购置烤箱方面落后于竞争对手而付出的代价超过军备落后造成的后果，那么，人们自然也就不会先考虑制造炸弹了。反之，两个国家之间就会爆发一场以争夺烤箱“领先地位”为主题的军备竞赛。为了能领先于对手，每个国家都将在烤箱方面投入更多的钱，与此同时，在这个过程中，就会把更多的资源从军事部门逐渐吸引到消费领域。而之所以没有发生这样的事情，就是因为具体环境对武器装备的需求高于对消费品的需求。

在军备竞赛这个问题上，还有几点值得关注。

其一，它们并非源于人的非理性行为。从任何一个国家的角度看，把成为武力大国作为首要目标是绝对合情合理的。毕竟，维护政治独立性首先依赖于保护自身安全的能力，而落后的武器装备显然会危及到你的这种能力。

其二，军备竞赛也不是源自竞争的匮乏。相反，正是对很多重要资源的争夺才导致历史上国家间的战争频发。国家间竞争的激化更有可能加剧军备竞赛，而非减弱军备竞赛。

最后一点，军备控制协议本身没有任何神秘之处。自由主义者会自欺欺人地去否定这种协议，因为在他们看来，这些协议剥夺了签约国自主决定建造武器数量的权利。这显然只是他们自己的一厢情愿！签约国完全有理由支持这些协议，因为他们都知道，如果限制每个国家独立决定拥有武器数量的权利，每个国家都可以在军备上减少开支。

因此，上述军备竞赛的每一个特征都是毫无争议的。但这并不意味着军控协议本身也总是毫无争议的。比如说，一方面，如果一个国家的领导人找不到有效措施防范对立国家采取的欺诈性行为，那么，他拒绝签署此类协议就是绝对合理的。

另一方面，如果一方领导人认为军备竞赛会有利于巩固自身优势，那么，拒绝签署军备开支协议同样是合理的。例如，在20世纪80年代，罗纳德·里根总统就曾极力支持战略导弹防御体系，部分原因就是因为他相信，迫使前苏联加入这场军备竞赛，终将摧毁美国头号敌人的经济。

总之，有一点是毋庸置疑的：任何两个势均力敌的对手进行军备竞赛都是要浪费资源的，而限制军备开支的集体协议则会让当事各方共同受益。一些国家之所以不愿意加入这种军控协议，往往是出于与信任度或资源不对称等因素相关的现实考虑。拒绝签署军备控制协议，绝非是因为强调维护个体行动自由权等抽象的伦理考量。

纽约扬基队为何不戴“工资帽”

和军事领域的竞争一样，其他领域的竞争同样遵循这个道理。比如在体育比赛中，个人和集体的奖励都主要取决于成绩的对比情况。如果一名短跑运动员服用合成代谢类固醇，他登上领奖台的几率就会提高。如果一支球队成功签约一名明星级球员，它获得冠军的概率就会增加。但这些举措也存在着明显的弊端。比如，兴奋剂服用者会面临着影响未来身体健康的危险，而签约明星级球员的球队则要掏出大笔钞票。但是从每个人或每支球队的角度看，收益则远远大于损失。当然，这里同样存在一个类似的问题：如果所有短跑选手都服用类固醇，或者所有球队都签约明星级球员，那么，尽管所有人都为了获胜而付出了巨大代价，但却没有人能因此而获得竞争优势。

与军备竞赛问题一样，体育界的竞争问题同样引来了“位置性”军备控制协议。一些体育管理机构进行随机性兴奋剂抽检，并对违法者施以重罚。

还有一些联盟则设置球员工资上限及球队人数的方法，试图以此来限制球队的工资总额，儿童肥皂箱跑车赛组织采取赛事开支限制措施，汽车竞速大赛协会限制发动机排量，以及其他诸如此类的控制性约束。所有限制的目的就是为了解决这种军备竞赛之类的问题。除了自由主义者之外，并没有多少人认为这些措施是对个人权利的严重侵犯。

无论是对于集体型竞争者还是个人竞争者，他们未能达成位置性竞争控制协议的主要原因，大多是出于类似于阻碍军备控制协议的现实性因素。例如，当“棒球大联盟”其他球队老板开始纷纷扩大收入分享制度并设置更严格的工资上限时，“扬基”棒球俱乐部已故的老板乔治·史坦伯瑞纳（George M. Steinbrenner）却成功抵制了这股风潮。史坦伯瑞纳在纽约拥有当地很多的有线电视台股权，来自这些有线电视台的收入可以让他在签署明星级自由球员方面占得先机。此外，他还知道，尽管阻止球员工资上限和收入分享规定的做法会明显增加各球队工资总额，当然也包括他自己的“扬基”棒球队，但保持成为场上胜利者的能力足以弥补这样的损失。

这些道理同样为我们所熟悉，而且是无可争议的。但有一点却是我们不熟悉的：那就是“位置性的外部性”（Positional externality，个体行为带来的结果并不依赖于行为本身，而是取决于该个体相对于其他个体的位置。——译者注），它同样会带来日常消费开支活动中常见的消费现象。在第4章里，我曾讨论过这种“位置”因素形成的压力常常会促使人们在住房和特殊庆祝场合下铺张浪费。但这个习惯的背后还隐藏着另一个毋庸置疑的事实：他们必须要削减在其他某个或者某些方面的开支。那么，这些所谓的“其他”方面到底会是哪些方面呢？人们为什么可以减少在这些方面上的开支呢？军备竞赛背后的基本逻辑同样隐含着一种可以帮助我们思考这些问题的系统方式。

选择因环境而变化

下面一系列简单的思维练习，能帮助我们更好地发挥直觉的作用、激发灵感，以及认识环境要素在不同场合下的重要性。在每一种场合下，设想仅有一个要素发生变化而其他要素都保持不变，我们将如何作出选择。此外，我们还假设这两种场合始终维持预先设定的条件。

第一个思维练习的目的，在于检验具体环境要素对住房选择的重要性。

> 假设1：你所在社区的房子占地面积都为6 000平方英尺（约557.42平方米），而其他人所在社区房子的占地面积则是8 000平方英尺（约743.22平方米）；

假设2：你所在社区的房子占地面积均为4 000平方英尺（约371.61平方米），而其他人所在社区房子的占地面积则是3 000平方英尺（约278.71平方米）。

对于本实验中两种方案所涉及的房产，即使是按照目前美国的住房标准，在绝对意义上说都已经很大了。但是，千万不要假设你会选择第一种情况，并通过勤奋工作选择拥有更大房子的社区。选择第一种情况就意味着你永远都只能住在比别人更小的房子里。

在建立于亚当·斯密“看不见的手”基础之上的传统经济模型中，这样的选择显然是毋庸置疑的。在这些模型中，环境要素没有任何意义。他认为我们对房子的评价完全依赖于其绝对特征，因为在第一种情况下，我们可以拥有更大的房子，因而他必然也是我们的最优选择。通常，在经过一番思考之后，大多数人会选择第二种情况。

现在，我们再来看看基本结构完全一致的第二个思维练习：

假设1：你每年死于工作事故的概率为2/10 000，而其他人则是1/10 000；

假设2：你每年死于工作事故的概率为4/10 000，而其他人则是8/10 000。

和第一个实验一样，这个实验同样需要你在绝对优势和相对优势之间作出选择。如果选择第一种情况，你每年死于工作事故的绝对概率仅为选择第二种情况时的一半。但你在选择第一种情况时的工作危险程度最高，而选择第二种情况下的工作危险度则是最低。

我曾在很多课堂上提到这个实验，听课者既有大学新生，也有退休人员。几乎在每一种情况下，100%的学生都会选择第一种情况。和第一个实验不同的是，第二个实验表明，实验对象始终对绝对优势表现出超过相对优势的一致性偏好。

这样的结果会给我们带来哪些启发呢？在描述自己作出这个选择的原因时，在第一个实验中选择第二种情况的大多数实验对象通常都会指出，尽管房子的绝对面积小一点，但住在这样的房子里更有可能让他们感到满足。当然，尽管房子的绝对面积同样重要，但一旦超过某个特定的临界值，环境要素将对大多数人的选择产生重要影响。

随后，在对第二个实验进行的讨论中，实验对象则非常清楚地表明，他们不喜欢对应于第一种情况的工作，因为这会导致他选择的工作包含着高于其他人一倍的危险。但人们通常会随即加以补充：他们更愿意选择第一种情况，因为在第二种情况下，他们的工作危险度将是第一种情况下的两倍。

按照已故经济学家弗莱德·赫希（Fred Hirsch）定义的术语，这些思考实验中的选择模型把房产等价于“位置性商品”，把工作安全度看作“非位置性商品”。对“位置性商品”的评价结论对环境因素极为敏感，相比之下，“非位置性商品”的评价对环境要素的依赖性则相对较弱。

正如我们在军备竞赛例子中所看到的那样，当环境因素在某些场合下的影响大于其他场合时，就会带来浪费性的资源错配。于是，国家倾向于购置大量武器，因为武器装备是否充足主要取决于和对手相比较而言的情况。尽管环境要素同样会作用于消费品，但是相对于军事武器而言，它的影响就小得多了。

这样的逻辑同样适用于消费“位置性商品”时发生的浪费性资源错配。下面，我们再来详细讨论这种消费扭曲如何体现于上述两个思维实验中的具体环境，即住房和工作安全性。首先，无论是住房还是工作安全性都是人们需要的，而且两者的获得都要付出高额代价。如第 3 章所述，“看不见的手”传统理论认为，竞争性市场允许工人购买一个最适合自己的住房与工作安全性组合。如果这些工人极度厌恶风险，他们可能会选择一份较为安全的工作。但这就意味着他们只能接受相对较低的工资，因为安装电锯护栏也需要投入成本，而这又意味着他们不得不削减对住房的开支。另一方面，如果他们认为工作的安全性并不重要，他们就可以选择危险性更大但收入也更高的工作，这就能让他们有更多的钱可以用来买房。

自由主义者及其他“看不见的手”的追随者认为，当政府对工作安全性实行管制时，就会迫使工厂购置安全设施，而不是把这笔钱交给个人，让他们按自己的意愿进行消费，这就会导致工人的生活水平降低。例如，假设一个人准备接受一份危险性更大但收入更高的工作，这样，他就可以买一所价格更高的房子。此时，他所能接受的工作危险性的最高限度，就是房产尺寸额外增加的最后一单位面积恰好能补偿安全性下降程度所需付出的成本。“看不见的手”的支持者认为，如果强迫他购买超过这个临界值的安全性，这部分额外购买的安全性的价值，就会低于他为此必须支付的价格增量。

如果住房决策对具体环境的敏感性高于工作安全性评价，那么，这种说法就不再成立了。为解释其中的原委，就需要注意到，当具体环境的影响较大时，就必须在成本－收益分析中纳入另外两个因素。工人接受更危险的工作不仅可以住进绝对尺寸较大的房子，也能让他选择相对尺寸同样较大的房子；而这个决策还意味着，在工作安全性方面，他在绝对性和相对性两个方面同时低于其他工人。

之所以纳入环境因素，是因为两个新要素在决策过程中的作用极为不对称。只有在能帮你把孩子送进更好学校的前提下，购买相对较贵的住房才有实质性意义。相比之下，选择安全性降低的工作就只是次要考虑了。于是，在传统理论上附加两个相对性条件之后，就会导致决策过程严重偏向于接受较危险的工作。但这就带来了问题，因为人们所追求的相对优势本来就是非现实的。不管有多少工人接受更危险的工作，以期在相对意义上占有更大优势，但是按优势排序进入前一半的人永远也不可能超过50%。

这个再简单不过的结论给了“看不见的手”的传统观点重重一击。即使所有决策者都绝对理性且信息充分，即使所有劳动力市场和产品市场都完全竞争，我们依旧不可能假设市场的“看不见的手”将带来社会整体利益最优化的结果。如果住房是“位置性”的,而安全是“非位置性”的，那么，就会像现实世界中的证据表明的那样，不加调控的市场终将带来更大的房子和更加危险的工作。

如果工人决定选举那些主张对危及工作场所安全性的行为实施限制的立法者，那么，自由主义者及其他人也就没有理由抱怨，这些规定会剥夺工人独立选择可接受危险的权利。如果虚幻的相对收益是个人最初接受额外危险的动力，那么，这些决策以集体方式形成或许更好。因此，抱怨规定限制个别工人的自由，无异于抱怨头盔规则限制了个别冰球运动员的自由。事实的确如此，而这正是两种情况的根本症结所在。

市场机制远非完美，这并不意味着政府干预必然会导致更优结果。政府同样是不完美的。最重要的一点在于，最终决定政府管制是否合理的依据，完全取决于人们对管制手段实际效果的判断，而不加约束地一味夸大个人自由显然无助于回答这个问题。

军备竞赛这个比喻带来的教训就是我们的位置性消费过度，而非位置性消费则明显不足。但是，到底哪些算是位置性消费，哪些算是非位置性消费呢？达尔文的进化论思想为我们思考和解答这个问题提供了一个基本框架。按照这个理论框架，衡量个体成功的最终标准在于其向下一代传递自身基因的能力。

因此，如果增加对某个特征的投资更有利于拥有这个特征的个体成功繁衍后代，那么，这种就更具有位置性。

例如，只有在雄性麋鹿的大鹿角能帮助其在争夺配偶的战斗中获胜，这个大鹿角才成为优势，而胜败又几乎完全依赖于不同公鹿鹿角之间的相对大小。获得较大的鹿角又必须以牺牲雄鹿在密林中的活动能力为代价，而大鹿角又会让雄鹿更有可能被狼群或者其他食肉动物所猎杀。不过，如果完全从达尔文的进化论出发，获得更优秀的运动能力必须以拥有较小的鹿角为代价，那么，这种能力显然毫无意义，因为它减少了雄性麋鹿通过繁衍后代把基因传递给下一代的概率。

于是，对雄性麋鹿而言，鹿角就是一种位置性商品，而活动能力则是一种非位置性商品。这也是雄性麋鹿这个群体会过度投资于鹿角而对运动能力则投资不足的原因所在。

达尔文的观点为我们认识和评价其他投资对象提供了一个类似的指南。比如说，假设我们现在面对的问题是：与花费在休闲上的时间相比，花费在增加额外收入上的相同时间是否更具有位置性。如前所述，在人类神经系统进化过程中，会经常性地爆发饥荒，尽管在任何时候总会有一定数量的粮食，但是在饥荒期间，只有那些拥有相对较高收入的人才能获得粮食。因此，和那些具有强烈动机在收入排序上占得高位的人相比，想在休闲分配中获得较多份额的人更有可能挨饿。正是出于这样的逻辑，达尔文的进化论才作出这样的预测：与休闲相比，收入更具有位置性。

这个预测给出的结果，与前面两个思维实验的结果完全一致：

> 假设1：假设你每年有4周的假期，而其他人则拥有6周的假期；
>
> 假设2：假设你每年有2周的假期，而其他人则只有1周的假期。

面对这些选择，大多数实验对象会选择前者，因而对绝对优势表现出高于相对优势的偏好。随后的讨论表明，尽管大多数实验对象对让自己的假期短于他人感到不悦，但他们宁愿接受这个事实，也不愿意放弃一半假期。

按照这个逻辑，我们还可以预见，其他福利性的非物质消费，如规避噪音和污染的自由，相对于其获得这种消费而必须牺牲的收入，更具有位置性。按同样的逻辑，工作中的适宜度，如提供给员工的投诉发泄制度、更多变化性以及舒适性等特征相对于为获得这些特征而削减的工资相比，应该具有较低的位置性。

相对而言，达尔文理论则表明，为抚养后代而进行的投资应具有较强的位置性。易观察的支出（如购买汽车、衣服和珠宝），比不易观察的支出（如购买保险）应具有较强的位置性。

储蓄同样不易观察，因此，我们可以预测，储蓄具有较强的非位置性。然而，现实却与这样的预测不相符：今天较少的储蓄意味着必须减少未来的位置性消费。但大多数人还是倾向于对未来的支出和收益折现，以至于他们不会像现在看来那么高。诚然，减少今天的储蓄意味着削减明天的位置性消费，但眼下位置性消费的赤字是能直接感受到的，而未来位置性消费的赤字却只能想象。更重要的是，在人的一生中，会发生很多超前消费，譬如在孩子未成年时购置高质量学校所在社区的房子，从本质上即拥有超过推后消费的位置性。年轻点的父母或许可以安慰性地告诉自己说："现在应该尽可能地把孩子送到最好的学校读书，至于退休后的事情，到时候再说吧"。因此，就综合属性而言，我们可以预测，储蓄具有非位置性。

按照公共物品的基本特征，它们同样也具有位置性。与针对不同人具有不同数量和质量特性的私人物品不同，每个人都可以享受相同数量和质量的公共物品。因此，公共物品不可能给某个人带来相对优势。

这些预测不仅在很大程度上与各类实证研究的结论相符，而且与各国政府监管、税收及公共开支的现有模式保持一致。

我们的社会需要合理管制

现实是管制政策所依赖的基础。反政府人士坚称，一切管制都是无益的，现实社会绝对不乏拙劣管制的实例。但我们有必要换一个思维角度认识这个问题：很多管制的存在的确有其合理的依据。如果从这个角度考虑问题，按选民代表选择的管制制度行事会带来怎样的结果？

以美国为例，大多数法规都规定，如果孩子在某一年度秋季学期开始之前满5周岁，这个孩子就必须在该学年进入幼儿园接受教育。这项规定的意义何在呢？假如让父母自由选择孩子的入学时间，所有父母可能都会觉得应该让孩子在这一年里继续留在家里。因为这样的话，孩子的年龄会稍大一点，因而会在智商、身体和心理等方面发育情况优于其他同学。由于所有学生的成绩符合正态分布，因此，大一点的孩子更有可能取得较好的学习成绩，更有可能在各项体育比赛中取得好成绩，因而也更有可能取得进入名牌大学的资格。不过，一旦某些父母开始推迟入托年龄，其他父母面对压力相应增大。最终，如果大多数孩子都推迟入学，那么，每个孩子获得名牌大学入学资格的概率都不会因此而增加。在这种情况下，人们或许更愿意通过选民代表，对孩子入学的时间采取强制性规定。

大多数国家都有工作安全方面的规定，并通过法规或是鼓励居民主动增加储蓄，或是对退休时缺少足够储蓄的人提供补助。很多国家都建立法规，对不同地区之间的教育经费进行均衡。大多数国家都试图限制工作时间，很多国家都对工人假期时间设置最低标准。

这些规定恰好印证了这样一个假设：估值在某些领域比在其他领域更依赖于具体环境这一事实，使得私人消费模式受到了扭曲。我曾在其他研究中指出，对这些规定的大多数解释都是自相矛盾的。很多解释都会在第3章所述的“免费午餐”原理面前不攻自破。如果市场确如某些证据所言那样是完全竞争的，如果结论在所有场合都对具体环境表现出相同的敏感性，那么，我们或许根本就不需要这些规定。因为在这种情况下，“看不见的手”便可以解决一切问题。

为累进消费税呐喊

幸运的是，指令性监管并非是改变现有浪费状况的唯一途径。如果说，根本问题在于人们的位置性消费过度且非位置性消费不足，那么，纠正这种失衡的最小代价方法就是改变现有的相对价格结构。

在一个信息完全的竞争世界里，我们只能依照环境对商品估价的影响程度为每一种商品制定不同的税率。位置性最强的商品执行最高的税率，位置性稍低的商品执行稍低一点的税率，依此类推。

但是，尽管研究人员已开始估计环境对特定商品市场需求的影响度，现有知识依旧缺乏足够的系统性，以至于根本无力完成如此雄心勃勃的任务。即使是我们对这种影响度在数量级上已经有了足够的了解，但是为每一种商品制定完全差异性的税率在政治上也是不可接受的。说客们会让立法者难以招架，因为他们总能找到有足够说服力的研究成果，说明其客户的产品或服务具有非位置性，因而有资格享受免税待遇。

我在早期的研究中指出，更简单、更有前途的方法就是放弃现有的累进式所得税，逐步推行增速更快的一般性累进消费税。这种方法的依据在于位置性对奢侈品的影响要超过必需品。尽管把某一种具体商品定义为奢侈品存在着显而易见的弊端，但考虑到奢侈这个概念在本质上即具有较强的环境依赖性，因此，有一点是毫无争议的：消费水平最高的人，他们在超过必需品消费之后最有可能在奢侈品上消费。由此可见，作为一种奢侈品税，这种加速式累进消费税根本就不需要将某种商品明确定义为奢侈品。

执行加速式累进消费税的效果直接明了。纳税人只需像现在这样对税务机关申报收入即可。此外,他们还可以像对待“个人退休账户”(IRA)或其他免税退休金账户那样，同时申报该年度的储蓄额。然后，纳税人以“应纳税消费额”为税基进行纳税，所谓“应税消费”是指年收入扣除年消费及标准扣减额后的余额。随着应税消费额的增加，采取分段加速增加的边际税率。如果税收为中性，应税消费最高分段的税率将明显高于目前针对收入征收的边际税率，这就可以弥补因免税而造成的收入损失。但是，如果要修复目前已破烂不堪的基础设施，逐步处理前苏联遗留下来的大量核武器,并在“婴儿潮”一代退休前恢复政府预算的平衡，那么，我们就必须有额外的税收收入。而这又要求提高针对高端收入的边际税率。

通过提高高端边际税率增加所得税收入的建议，肯定会让人们对由此带来的副作用产生顾虑：削弱储蓄和投资动力。相比之下，如果采取累进消费税的话，尽管针对高消费的边际税率非常高，但人们依然有足够的动力去增加储蓄和投资。

如果税收的直接效应就是促使高消费人群增加储蓄，那么，它同样会对其他人群的消费习惯带来间接性影响。毕竟，每个人的消费都是构成社会消费偏好结构的一个组成部分，并通过这个框架间接地影响到其他人的消费。鉴于具体环境的重要性，累进消费税的间接效应注定会明显大于其直接影响。

第4章提到的“消费瀑布”效应已迫使很多中等收入家庭入不敷出。如高收入家庭增加储蓄并减少对豪宅之类的奢侈品消费，这就会改变社会偏好基本结构，进而影响到次高收入家庭的住房消费模式。于是，这些次高收入家庭也会减少住房开支，并将这种效应沿收入阶梯逐渐向下传递。与此同时，最高端收入的人群还会减少用于庆祝典礼仪式方面的开支，减少礼品的消费支出，在珠宝首饰上花钱更少，所有这些调整都将对其他人产生间接影响。

现有的一切证据都表明，这些变化是有益的。在2005年到2006年期间，美国的家庭总储蓄率都为负数。实际上，自“大萧条”以来，美国人在每一年里都在寅吃卯粮。低储蓄率最终导致金融危机的爆发，并在2008年将全球经济拖至最低谷。

几十年来，无论是保守派还是自由主义者，都不得不接受一个现实：如果我们少花一点儿，多储蓄一点儿，多投资一点儿，我们的日子肯定会好过得多。任何个人都无法改变总储蓄率。如果想增加储蓄，我们就必须团结一致，共同行动。

累进消费税就是实现这一目标最完美的政策工具。它在增加必不可少的收入的同时，还会减少危害他人行为的发生频率。一个本想为女儿举办成人仪式的CEO，或许根本无意侵害他人利益，但他的行为却有可能给他人带来伤害。通过改变定义“特殊场合”基本内涵的偏好结构，就有可能为他设置障碍。他们要么选择多花钱，要么选择固执己见，宁愿让人们觉得自己孤陋寡闻，也根本不去了解这种“特殊场合”的重要性。

比如说，在很多中等收入家庭里，如果父母没有在自己的生日晚会上邀请小丑或是魔术师做表演，那些只有10岁的孩子就会感到失望。因为我们在现实中根本就找不到任何证据可以说明，孩子们会因为晚会开支的通盘上涨而更高兴，因此，认为这一特殊癖好取向不会给他人带来伤害的说法是令人费解的。

当然，人们对免受他人行为伤害所给予的关注，还要依赖于为限制他人行为自由所需投入的成本。正是在这里，才能体现出累进消费税的闪光之处。例如，我们不妨设想，一个目前每年花费高达1 000万美元的家庭，正在考虑再花200万美元装修自己的豪宅。假如消费最高级别的边际税率为100%，则这个装修项目的成本将达到400万美元（200万美元装修投入加上200万美元消费税）。如该家庭完全按计划实施装修项目，那么，他们缴纳的消费税将使得联邦财政赤字减少200万美元。但这个家庭也可能将装修开支减少到100万美元。这样，他只需再额外缴纳100万美元的消费税，让自己的储蓄比原计划多出200万美元。于是，联邦赤字会减少100万美元，但由此增加的储蓄则会刺激投资，促进经济增长。但不管选择哪种方案，都不要求富裕家庭作出真正牺牲，因为即使按原定计划行动，最终结果也只不过会重新定义可接受住宅的标准而已。

在这里，最重要的观点在于，由超高水平消费所带来的效用几乎完全是位置性的。而旨在鼓励高收入者增加储蓄和减少消费的税收，实际上不会对需纳税者带来任何直接负面影响。反之，如第4章所述，如果所有高收入者全部减少花费在超级豪宅上的支出，那么，他们更有可能比维持现状更开心。实际上，追求超级豪宅确实让富人感到头疼。

任何自由主义者都应摆脱对指令性监管的依赖，积极利用税收手段抑制伤害别人行为带来的不良影响。税收手段并不禁止任何人采取满足其需求的行为，而只是让这种行为的成本更高。因此，以税收抑制“位置性”外部性的优势就相当于以排污税治理环境污染。

在环境领域，因治理污染而受损最大的企业往往会发现，在征收排污税之后，继续污染环境仍最符合他们的自身利益。同样，在税率提高时，那些对缩减开支感到极为痛苦的家庭，为维持原有消费水平依旧会进一步增加开支。但无论是对环境问题还是消费问题，我们试图限制的破坏性，更多地还是取决于总体行为标准，而不是某个人或某个企业的行为标准。如同征收排污税促使大多数企业限制排污而缓解环境问题一样，累进消费税同样可以提高储蓄动机而缓解“位置性”外部性带来的损失。

尽管人们目前对位置性因素的认识还参差不齐，但近期实践显然有助于我们更好地认识采用累进消费税将如何影响社会福利。相比于目前实行的所得税，累进消费税将减少高端消费并提高公共开支。如果富裕消费者在总体上是理性的，私人消费的削减将集中于他们认为最不紧迫的领域。尽管在政治上还做不到尽善尽美，但政府毕竟还是把由此获得的一部分税收收入用于选民最重视的公共服务上。于是，现实问题就在于，削减最不紧迫的高端私人消费商品带来的边际损失，是否能超过增加最有价值的公共服务所带来的边际收益。显然，在一个低私人消费和高公共消费的社会里，我们很容易想象这样的转换将如何减少社会福利。但是，对于一个维持高水平消费和低水平公共服务的社会，比如说现在的美国，这种变换会带来怎样的结果呢？

在缺乏详尽证据的情况下，一个最可行的推断就是：作为对加速性累进消费税的反应，高收入消费者最先削减开支的商品，也是他们在近期收入上涨时持续快速增加开支的商品。正如第4章所述，在最近几年，某些增长最显著的奢侈品消费出现于房产和具有特殊纪念意义的家庭活动。任何人都会承认，这种消费具有高度位置性。

基于针对消费征收的高水平的边际税率，即使是最富裕家庭也会减少为孩子举办宴会进行的花销。如果他们确能这么做，最富裕阶层定义特殊场合的标准自然也会相应调整。那么，是否还有人会板着脸辩称这些变化将给这些孩子造成严重的福利损失呢？

通过加速式累进消费税形成额外收入，由此提供的公共服务又会带来怎样的福利影响呢？即使是考虑到部分额外收入就被浪费掉这一不可规避的事实，但大部分剩余还将用于有益方面，譬如说，用于维修35号州际公路上的桥梁，以避免再次发生2007年8月1日那样的悲剧：在明尼阿波利斯市区，位于密西西比河上的一座桥梁坍塌，导致13人死亡和145人受伤；或是把这笔钱用于进口检验，以结束目前货物集装箱未经检验即可进入美国港口的状况。

但有限的证据并不总能阻止我们对某些税收政策改革可能带来的福利效应作出合理的推断。大多数经济学家都会同意，富裕家庭拥有更小、更便宜住宅的福利成本将小于拥有更安全道路和更完善进口检验带来的收益。如果是这样的话，为非富裕阶层提供的公共服务将表现为一种纯收益。

在本书第10章，我对税收政策导致我们不得不在公平与效率之间作出痛苦抉择的传统假设提出了质疑，但显然不同于上述实证依据提供的理由。如果说具体环境能以现有证据显示的方式影响到消费模式，那么，对顶级收入者采取较高边际税率的合理性不仅源于公平性，还有缩小的贫富差距。

又是一场政治白日梦？

多年以来，我一直主张实行累进消费税。每当听到我谈论到累进消费税时，我的自由主义者朋友经常会说，这听起来似乎是一个很有希望的想法，但马上又会补充一句：但在政治上是不可想象的。考虑到影响美国当今政坛舆论导向的反纳税、反政府派的强大势力，自由主义者对累进消费税前景的悲观可想而知。但是在某些情况下，拒绝考虑基础性税制改革显然已不再是合理选项。我们的确可以继续在一定时期内减少基本公共服务，但不可能永远这样做。在不得不重新审视现实时，我们有足够理由把累进消费税作为一个优先选择的方案。

实际上，早在1995年，分别来自佐治亚州的民主党参议员萨姆·纳恩和新罕布什尔州的共和党参议员彼得·多梅尼西即提出了累进消费税概念。尽管其他预算辩论导致他们的提案未能成为焦点，但从此之后，其他人开始陆续提出很多类似的提案。我在1997年曾发表了一篇主张累进消费税的文章，就在文章发表不久，我便收到一封来自米尔顿·弗里德曼的信。他在2006年去世之前，始终是主张小规模政府保守派的守护神。当时，联邦预算正处于严重赤字陷阱的边缘，弗里德曼在信中写道，他不同意我认为政府应提高税收收入的观点。但他也进一步补充，如果政府的确需要额外收入，那么，累进消费税显然是迄今为止筹集更多收入的最佳途径。此外，弗里德曼还随信附上他发表于1943年《美国经济评论》的一篇文章，他在这篇文章中即已经指出，此种税项是筹集战争经费的最佳方式。

其他很多保守派人士曾主张实行“单一税”（Flat tax，即不考虑纳税人收入水平，按统一税率征税。——译者注）或“增值税”，就本质而言，它们都属于全国性销售税。但是，由于富裕阶层用于储蓄的收入比例高于贫困阶层，因此，这种单一税具有强烈的累退性。实际上，按统一税率对所有消费必将加剧第4章所讨论的“消费瀑布”效应。而这些“瀑布”的起源无疑是最高收入群体的消费增加。引导有限资源用于更有效的用途，必然要求对最奢侈的消费者征收极高的边际消费税。这种效应只有在累进性消费税体系下才有可能成为现实，而在增值税体系中则难以实现。

经济学家劳伦斯·塞德曼（Laurence Seidman）曾提出，在实行累进消费税时，合理的启动措施就是在保持现有所得税的同时，辅之以对高收入者收取的累进性附加税。根据他的建议，按通货膨胀调整后总收入不足1 002万美元的家庭将完全免于缴纳这种附加税。而那些拥有较高收入的家庭则需要申报年收入并计算该年度的消费支出，在此基础上得到年收入与该消费额的差额。于是，将仅对超过50万美元的消费额征收累进性附加税。随着时间的推移，目前的所得税可通过逐步降低征收附加税的触发点而彻底转化为累进消费税。

塞德曼的这个建议还有一个吸引人的地方：它可以制造暂时性的消费膨胀，而这恰是疲软经济实现复苏的基本前提。当前最关键的措施就是要立即实行附加税，而不是等到经济重新接近完全就业状态时再去考虑。实际上，哪怕只是发布附加税之类的政策信息，都有可能激发高端消费，因为富裕家庭会急于赶在新税法生效之前添置豪宅或是举办豪华宴会。可以推定的是，尽管这未必是刺激附加性消费的最优途径，但终归要好于在总支出太低而无力支撑完全就业时，依旧呆若木鸡地听之任之。

就长期而言，累进消费税将促使最终消费的对象逐步从纯消费向投资转化，从而实现生产率的加速增长。一旦遭遇经济衰退，实行暂时性的免税或减税将成为一种强大的经济刺激工具，原因很简单，因为只有立即增加消费，消费者才能受益。

当然，我们完全可以想象到，激进自由主义者会像他们对待其他税种一样，对累进消费税展开声色俱厉的讨伐：这就是盗窃！是社会工程！但我认为，华盛顿的官僚们应该知道怎么才能更明智地花掉纳税人的钱，那就是对富人展开“阶级斗争”！

但任何正常的成年人都知道，我们肯定要对某些东西征税。现在，我们是在对储蓄征税，而这却打击了生产性投资；我们在对工资收入征税，而这却打击了就业机会的创造。但是，为什么不对那些行将过剩的东西征税呢？

第6章

伤害原则

谁是行凶者？谁是受害者？

Perpetrators and Victims

1959年，“菜鸟”科斯向经济学大佬弗里德曼发起挑战，辩论开始时，20人赞成弗里德曼，1人赞成科斯；

两个多小时后，科斯使用了什么“魔法”征服了21人？

几乎在欧洲的每一个国家，个人行为受到的约束都比在美国多。即使在今天的美国，个人行为受到的约束也远远低于一个世纪之前。这两个比较源于人口密度的差异。在欧洲，每平方英里的人口数量远远多于美国，而今日美国的人口密度显然也远远高于“拓荒”时期。随着人口密度的增加，彼此之间的冲突自然会愈加频繁。

今天的人类社会不仅表现为人口更加密集，而且体现于更频繁、更深刻的互动性，而导致这种互动性的部分原因就在于人口密度的提高。这些趋势还将延续，随之而来的是对监管需求的增加。只有对这些需求作出更明智的反应，一个社会才更有可能繁荣富强。

但如果不了解需要强化监管的市场失灵现象，我们就不可能针对市场失灵作出最有效的补救措施。自由主义者一直认为市场失灵源于自然或人类因素对完全竞争的干扰。人口密度的增加并不会招致垄断，也不会削弱劳动力市场的竞争，更不会影响到消费者的理性及其信息充分性。因此，监管与人口密度之间的联系并不支持传统的自由主义观点。

但同样的联系却明显与达尔文的观点如出一辙：个体利益与集体利益往往会出现尖锐对立。当两者发生冲突时，损害他人利益的可能性就会随着人口密度的增加而显著增加。

当然，达尔文本人关心的不是如何缩小个体利益与集体利益之间的差距。毕竟，大多数物种实施集体行为的能力都是极其有限的。而人类则是一个不可思议的例外。在狩猎群体时代，人类已经开始广泛利用社会规则，以限制其成员采取自利性行为；但是，对于如何以最有效的方式限制损害他人利益的行为，我们至今依旧处于漆黑的懵懂之中。

说人类的每一种侵害他人利益的行为都需要制定相应的监管措施，这或许有点言过其实。而阻止侵害他人的一切行为并不是最佳方案。但我们必须理解穆勒提出“伤害原则”（Harm Principle）的基本思想：政府限制个人自由的唯一合法理由，就是保护他人免受不当侵害。但我们却始终对各种各样的侵害性行为袖手旁观。比如说，不友善的言语可能会伤及他人情感，但只要不超过限度，我们依旧能容忍这种伤害性行为，因为限止言论自由带来的伤害更严重；我们可以容忍一家公司削减价格，进而伤害到竞争对手的利益，甚至会令对手破产，但是，不允许存在这样的事情，就会给消费者带来更大伤害。要真正发挥“伤害原则”的作用，就必须把它理解为：决定一项限制性规则是否合法，就必须权衡它给被限制者带来的损失，以及不限制这种行为将给他人带来的损失。

科斯等了诺奖 54 年

罗纳德·科斯之所以获得 1991 年诺贝尔经济学奖，正是凭借他对人类认识这种权衡行为的研究。他是一位在英国土生土长，并在英国接受教育的经济学家，其职业生涯后半段是在芝加哥大学法学院授课，而这所大学里对自由市场的拥护者们，更是把他奉为世界上研究负外部性行为伤害他人利益的行为的权威与鼻祖。

自由主义者承认这些行为是监管者需要考虑的因素，但更多严谨的自由主义者，尤其以芝加哥大学的教育精英为代表的一批人，更是认识到克服这种负外部性行为的必要性。他们视科斯为领袖，并且坚信，科斯的理论框架为限制政府行为延伸范围提供了最有说服力的论据。在某种意义上，他们是正确的。但我认为，从另外一个意义上说，他们则是完全错误的。

科斯指出，在某种特定的限制条件下，以往很多被视为只有监管者全面参与才能解决的问题，实际上可以由私人机构独立解决。尽管科斯深刻感悟到很多市场解决方案的精致巧妙，但他并不盲从。尽管他早已清楚地指出，现实障碍往往会制约私人方通过讨价还价达成契约，但他的很多信徒却对此置若罔闻。科斯认为，在这种情况下，政府干预市场往往可以提高效率。

科斯的核心思想最早见于1959年发表的论文中的一个案例，这篇文章名为《联邦通讯委员会》(*The Federal Communications Commission*)。和现在一样，联邦通讯委员会的官员将价值几百万美元的广播权无偿交给私人企业。科斯指出，如以拍卖方式卖给出价最高的竞买者，必会让广播权发挥更大效能，因为最终买家肯定要把这种权利价值最大化。

导致最初对广播实施监管的原因之一是广播权的使用经常会损害他人利益。一个频率的广播信号经常会干扰相邻频率的广播信号。科斯的观点是，只要广播公司之间能进行讨价还价，他们就可以独立解决这个问题，而不需要政府干预。

在这篇文章中，科斯定理的一个经典案例就是把广播信号干扰问题比作一桩真实诉讼案件的裁决，案件的起诉方是一名职业医生，他认为邻近工厂的噪音干扰了自己的正常工作。科斯这样描述：

> 多年以来，一家糖果制造厂始终使用某种特定的设备进行生产。这位医生初来这里并购置一座房产时，糖果制造厂设备的运转还没有给医生带来任何不良影响。大约在8年之后，他在花园边上建起一座咨询诊所，而这个诊所恰好紧挨糖果制造厂的生产厂房，从此，一切都发生了变化。
>
> 医生发现，机器发出的噪声和振动严重干扰了自己正常工作。于是，医生将糖果制造厂告上法庭，并成功取得法庭禁止

糖果制造厂使用机器的裁决。实际上，法庭首先需要明确，医生是否有权通过迫使工厂安装新设备或者搬迁到其他地点，而将额外成本强加给糖果制造厂，或者糖果制造厂是否有权通过迫使医生将咨询门诊搬到房产其他位置或是干脆举家搬迁而让医生承担额外成本。

早在科斯之前，人们在对损害他人利益的行为进行政策讨论时，通常采用“行凶者”与“受害者”的概念。这家制造噪音的糖果制造厂相当于行凶者，而在工厂附近行医并受到噪音干扰的医生则相当于受害者。科斯认为，这是纯粹的相互性事件（噪音、烟尘是负外部性因素）。工厂产生的噪音影响了医生的利益，这绝对不假；但是把医生受到的伤害作为禁止噪音的依据则会影响工厂主的利益。

干扰医生行医绝对不是糖果制造厂厂主的本意。同样，阻止工厂运营也不是医生的本意。正是他们在空间位置上的相邻及其各自活动的特殊性，制造了这个他们必须解决的相互性问题。科斯指出，寻找一个成本最低的解决方案既符合工厂主的利益，也符合医生的利益。由此，他得出如下结论：不管政府是否会裁定工厂为噪声侵害承担责任，只要能进行双边谈判，他们就有能力独立解决这个问题。

我们不妨假设，如果医生不采取任何措施，噪音将导致他的咨询业务损失 2 万美元，但他可以花费 1 万美元搬到其他地方继续从医，从而避免这种噪声侵害。我们还可以假设，工厂主可以花费 5 000 美元为生产设备安装一套隔音装置，从而消除噪声。由于隔音装置的成本更低，因此，后一种方案比医生搬家更有利于解决噪声问题。于是，科斯指出，如果医生和工厂主进行一次成本可忽略的讨价还价，他们就应该有能力通过协商对安装隔音装置达成一致，而根本不需要考虑政府是否会裁定工厂为制造噪声侵害承担责任。

上述说法的第一部分是显而易见的。因此，假设政府裁定由工厂主承担噪声侵害的责任，就等于说：如果他继续制造噪声，必须向医生支付 2 万美元赔偿金。此时，工厂主最好的对策就是安装隔音装置，因为这种方案只需他付出 5 000 美元的成本，而且还可以免除赔偿医生损失的必要性。

而真正让大多数读者猝不及防的，则是科斯理论中的第二部分。他指出，如果政府认定工厂无需为制造噪声伤害承担责任，那么，医生最好的对策就是向工厂主支付安装隔音装置的成本。毕竟，他的次优选择就是为了逃避噪音而承担 1 万美元的搬迁费。

医生向工厂主支付的费用必须足够补偿 5 000 美元的隔音装置安装成本，否则，工厂主就会拒绝安装隔音装置（因为政府认定他不需为噪声伤害承担责任）。工厂主索取的费用也可能不会超过 1 万美元，因为如果超过 1 万美元的话，医生就会选择搬迁，以成本更低的方式解决噪音问题。

归根到底，科斯认为不管法律是否认定工厂主应为噪音侵害承担责任，双方都有强烈动机以最有效的方式解决这个问题。科斯明确指出，这个结论的前提有这样一个假设：当事各方进行讨价还价是现实可行的途径。因此，他在文章中写道：“一旦确立当事各方的合法权利，那么只要有迹象表明讨价还价花费的成本有利于问题的解决，就可以通过讨价还价改变法律程序。”

当《联邦通讯委员会》这篇论文在 1959 年发布的时候，几乎没有掀起任何讨论，很多对这篇文章作出反应的人都给出一致评价：科斯肯定错了，这其中最著名的人包括米尔顿·弗里德曼、乔治·施蒂格勒（George Stigler）及其他来自芝加哥大学的自由市场倡导者。他们一致认为，即使在一个通过零成本讨价还价达成契约的虚拟世界里，最终决策也必然依赖于法律是否会认定侵害方对强加于他人的损害承担责任。尽管科斯本人也承认医生和工厂主最终的财产将会受到赔偿规定的影响，但又坚持认为，双方对如何解决问题的最终决定将不会受此影响。

辩论各方各执己见，互不相让。于是，芝加哥大学的经济学家们邀请当时还在弗吉尼亚大学执教的科斯造访芝加哥，对此展开讨论。20位经济学家及科斯齐聚时任《法律经济学杂志》（*The Journal of Law and Economics*）董事长的埃伦家中，实际上，科斯的这篇文章也是在这份杂志上发表的。多年之后，施蒂格勒还能记得与会人士在晚宴上的谈话：

> 和往常一样，米尔顿·弗里德曼依旧是讨论的绝对主角。此外，他提出的观点在数量上也一如既往地占据绝对优势。然而，在两个小时的辩论中，投票结果从最初20人反对、1人赞成科斯，最终变成21个人全部赞成科斯。这太令人感到震惊了！我真后悔那天没有先见之明，把辩论现场的情况录下来。

后来，众人说服科斯再写一篇文章，更详细地阐述这一观点。次年，这篇名为《社会成本问题》（*The Problem of Social Cost*）的文章便发表于《法律经济学杂志》，立即引起轰动，迄今为止，它依旧是有史以来被引用次数最多的已发表文章。但是，尽管《社会成本问题》一文受到令人难以置信的关注，学者们仍未抓住它的全部精髓。

任何人都不会发出质疑的一点是，这篇文章一经面世就迎来狂风暴雨般的批判。左派学者感到难以忍受，因为按照他们对科斯这篇文章的诠释，除了保证产权的明确和受保护之外，在对环境污染及其他有害他人的活动实施监管方面，政府不能扮演任何实质性角色。

其他人则抱怨，科斯的分析似乎彻底忽略了道德伦理框架，而这恰恰是此前以“行凶者－受害者”方式解决这类问题的基础。医生没有伤害任何人啊，他为什么应该承担安装隔音设备的成本呢？但这两种反对意见显然都经不起推敲。

看病时，为何不能还价？

我们首先分析科斯把政府排斥在解决问题框架之外的观点。在这个问题上，科斯认为，不管排污者是否被判定为对损害承担责任，总能找到一个有效的解决方案。

熟悉科斯早期观点的人都知道，他始终被人们视为不切实际的幻想家，他能提出这样的观点自然也就不足为奇了。科斯的第一篇代表作《企业的性质》（*The Nature of the Firm*）发表于 1937 年，实际上，这篇文章的最初灵感源于这样一个观点：现实中的困难往往会阻碍人们通过讨价还价达成契约。这篇文章的来源是基于他在 5 年之前进行的一次现场调查，在本科学习期间，他获得一笔奖学金得以远赴美国，亲身体验美国大企业的经营情况。他在 1937 年的这篇文章中回答了两个具体问题：首先是企业为什么会存在？其次，为什么并非所有商业交易都能在独立缔约人之间直接签订？他的答案是，后者必将涉及复杂而高昂的交易成本，与很多伟大思想一样，科斯的观点在后人看来同样简单得不能再简单。

比如说，你想买一辆汽车，那么，你首先要和不计其数的矿产商进行讨价还价，让他们把铁矿石从地下挖出来。然后，你还要和其他人签订更多的合同，把这些铁矿石加工成钢铁，与更多的人签订更多的合同把钢材铸造成预定的形状，以此类推。即使在上述每个环节都能找到最有效的供应商，这个买家需要签订的合同的数量和复杂程度依旧会让汽车的最终价格高得让人无法接受。他认为，如果建立一个雇员在雇主监督下工作的组织，这个过程就会变得极为顺畅。

就在发表于 1937 年的这篇文章面世之后，经济学中的一个全新领域随即出现并得以迅速发展。这个被称为“交易成本经济学”（Transaction cost economics）的学科试图说明，组织的形式及行为是交易成本最小化过程带来的直接或间接结果。

鉴于科斯以往的成就和一贯的智慧，人们当然不会怀疑，科斯肯定能意识到，现实中的障碍会导致私人机构通过讨价还价达成一致的成本高得无法接受。他本来想表达的意思绝对不是政府在监管负外部性行为方面一无是处。相反，科斯在 1960 年的《社会成本问题》中的深层次探讨表明，在通过讨价还价达成契约不可行的时候（而且现实往往如此），责任的分配经常会改变解决问题的方式。

于是，按照科斯的观点，法律责任的结构在现实生活中意义重大。但他发挥作用的方式却是以往学者所没有认识到的。传统思想始终认为，行凶者往往应该对他们给别人造成的伤害承担责任。但科斯却对这种逻辑所依据的基本思想提出了挑战。他认为，政府应将解决外部性的负担交给成本最低的一方。

按照前面提到的例子，如果医生和工厂主无法进行谈判，那么，政府就应该让工厂主对噪声破坏承担责任，因为根据假设的成本分析，工厂通过安装隔音设备减少噪声所需要的成本要低于医生通过搬到更僻静地点所需要的费用。但是，假如实际情况与此相反，政府就不应该判定由工厂主来承担损失的责任了。科斯认为，这样的观念将导致医生选择搬家，而这也是此种情况下最有效的解决方案。

受害者不一定有道理

对于认为科斯的分析忽视了影响负外部性行为的道德体系的反对声音，又应该如何理解呢？在针对科斯提出的很多批判中，依旧未能清楚地意识到，他提出的这个问题恰恰揭示出传统道德架构的一个根本性缺陷。在这个道德体系中，工厂主再次被视为行凶者，而医生也同样被视为受害者。在这个基本架构中，一个基本前提就是医生有权在不受噪音干扰的情况下行医，而政府则有责任维护这种权利，但它却未能解释为什么应该这样。科斯定理还提出了另一个问题：在这种情况下，为什么应该优先保护医生的权利。

医生与工厂主再对话：先到者有理？

假设变换一下前述成本数字，假设医生通过花费 5 000 美元搬家来解决这个问题，而工厂主安装隔音设备的成本是1万美元。于是，成本最低的问题解决方法就变成了医生搬家。如果讨价还价不可行的话，按科斯的分析，不推荐由工厂主承担噪声损失的责任，因为只有这样做，医生才有动力通过搬家单独解决问题。

这种情况下，让工厂主为减少噪声负责是不是会更好呢？如果真的这么做，而且讨价还价又现实可行，我们依旧能找到有效的解决方案，因为工厂主将有动力支付医生搬家的费用，进而避免不得不承担1万美元隔音设备安装费的结局。但这种通过讨价还价达成的契约在现实中往往不可行。因此，假如我们让工厂主负责，他的最优选择将是花费1万美元安装隔音设备，因为不这样的话，他就不得不支付2万美元补偿医生的损失。尽管噪声问题同样得到解决，但通过这种方式让医生搬家的成本却增加了一倍。

虽然从直觉出发，把工厂主定义为行凶者似乎更可取，但科斯定理却清晰表明，这么做不符合逻辑。如果是医生先于工厂在这里定居，他在采取行动时可能作出这样的假设：他理应在不受噪音干扰的情况下继续在这里行医。

如果能说明按这个假设采取行动有利于引发有效的投资模式，这或许就相当于主张由晚到的噪声制造者为损害负责。但正如科斯在案例中所阐述的道理，在这种情况下，工厂主恰好是这个空间的先行占有者。

还有一些人或许会担心，解决问题的成本对医生来说太高，以至于他根本就无力承担。但总要有人承担解决问题的成本。在这个例子中，没有任何情节表明，工厂主更富有，因而更有能力承担这个成本。如果没有这些对立观点，我们还需要考虑另一种可能性：“行凶者与受害者”逻辑所依赖的传统道德体系具有误导性，或者本身就是一种循环论证。

也就是说，我们必须考虑这样的可能性：按照科斯定理，在这种情况下，定义权利的最合理的方式，就是首先假设讨价还价是可行的，然后尽可能采取在没有政府干预下通过讨价还价达成的解决方案。按照这样的解决方案，解决负外部性的责任通常会落在解决成本较低的一方。在某些情况下，这就需要把责任强加给被大多数人认定为行凶者的一方。但现实并非一贯如此。

罗纳德·科斯迅速崛起，并在所有与负外部性行为相关的问题上成为自由市场守护者的领袖与英雄，这似乎有点讽刺意义。他们对科斯的追捧在很大程度上源于这样一种感受：科斯定理让那种无需政府参与即可解决的问题在范围上进一步扩大。迄今为止，这种感受还算精确。但需要再次重申的是，科斯永远都不是任何思想意识的盲从者。他的理论体系完全植根于严格意义上的现实要素。

自由主义者经常把那些肆意践踏现实要素的基本人权和自由挂在嘴边，但维护任何一种权利都存在成本与收益的权衡问题。而科斯定理则强调，从本质上说，维护哪些权利，归根到底是一个现实性问题。

在某些情况下，科斯可能会认为，医生有权在不受到邻居的噪声干扰条件下行医治病。他作出此决定的原因，并不是远离噪声在任何情况下都是不可侵犯的神圣权利，而是因为他认为噪声制造者的治理成本，要低于噪声受害者被动逃离的成本。

因为大多数道德问题都涉及到侵害他人利益的行为，因此，科斯定理当然要对这些问题有所体现。假如科斯的学术头衔始终与道德哲学联系在一起，或许更适于把他标榜为“结果论者”，坚信正确的行为就是能带来最优结局的行为。而作为结果论者的对立方，尽管“道义论者”承认结果很重要，但他们依旧认为，不管结果怎样，某些不可动摇的道德原则永远是不可违背的。

在自由主义者看来，除法律明令禁止的偷窃、暴力侵害及其他直接侵害他人利益的极端形式之外，人们有权摆脱政府干预，这是一个不言自明的命题。因此，大多数自由主义者都应被归结为不折不扣的道义论者。但很多自由主义者拥护的科斯定理却是彻头彻尾的“结果论”。他需要对如此宽泛的“独处权”为何能带来最优的整体结果给出一个解释。但我们将会看到，要解答这个问题显然有一个不可逾越的障碍。

道义论者则面对其他障碍，比如说，如何解释他们所坚持的基本道德准则源于何处。但他们总能成功找到攻击“结果论”对手的立足点，那就是通过种种事例，说明能带来最优整体后果的行为在大多数旁观者看来是明显不可接受的。

为了拯救 9 条命，杀死 1 个人，值得吗？

一个让道义论者乐此不疲的例子是：一个植物学家来到丛林中的一个村子，在这里，10 个无辜者将被处死。有人告诉他，如果他亲自杀死第 10 个人，其他 9 个人就可以获得释放。

这个植物学家应该怎么做呢？结果论者很可能会告诉他：杀死这个无辜者是一个正确选择，因为这样做的最终结果就是拯救 9 条人命。但大多数有正常情感的人却不愿意接受这个结论。因此，道义论者认为这个例子意味着结果论者所谓“道德推理”的彻底失败。

直到现在，结果论者和道义论者依旧在相互攻击，不分上下。我在这里的讨论自然无力解决他们的对立。但由于我主张的政策观点源于科斯的结果论框架，因此，我必须强调，两个理论体系之间的冲突并不像看上去那么针锋相对，不可调和。

结果论者在道德上站不住脚

通过一个形象的案例可以说明，某些因素会扩大这两种道德推理之间的分歧。道义论者经常会用这个例子来说明结果论思想在道德上的溃败。

异族通婚，道义论与结果论的纠结

> 这个例子发生在20世纪60年代中期的佐治亚州亚特兰大市，它给人们提出了这样一个问题：是否应禁止跨国家庭组合参与社会公共事务？尽管今天的大多数美国年轻人会对这样的问题感到难以置信，但在那个时候，确实有很多州明令禁止不同种族通婚。在1967年的一个里程碑式裁决中，美国最高法院在投票以9∶0的压倒性优势裁定这些法律不符合《宪法》。
>
> 但是在20世纪60年代中期的亚特兰大市，异族通婚依旧是极其罕见的事情。在那里，在看到不同种族男女手拉手走在大街上的时候，绝大多数白人依旧感到怒不可遏。不难推断，拥有总体最优结果的选择就是禁止不同种族男女携手并肩。但是，由于人们发现这种禁止在道德上又不可接受，道义论者由此得出结论：我们必须拒绝结果论的道德体系。

我们很容易把这个问题重新改造为科斯提到的那种量化型例子。比如说，我们可以假设：一座城市的100对异族夫妻都愿意每周支付100美元，从而获得在公共场合拉手的权利，于是，他们每周行使这种权利所实现的各种收益总价值为1万美元；同时，如果这座城市的100万白人为了避免看到不同种族夫妻拉手而愿意每周支付1美元，因此，授予这100对异族夫妻在公共场合拉手权利的周成本即为100万美元。如果这两个群体可以讨价还价，那么，这100万白人中的每个人可以每周捐献10美分，便集资10万美元，然后，每周向每对异族男女支付1 000美元，换取他们放弃在公共场合拉手的权利。

与不采取禁止的选择相比，每对异族夫妻每周的收益比以前多出了900美元（即白人群体支付给他们的1 000美元，减去放弃在公共场合拉手而损失的100美元福利），与此同时，每个受侵害白人的每周收获也比以往少了90美分（每个人对避免看到异族男女拉手而赋予的1

美元，价值减去他们支付的10美分补偿款）。

因此，按科斯的理论似乎可以理解为，如果受影响方进行谈判可行的话，他们会同意采取禁止异族男女拉手的规则，支付象征性的补偿款。但是对这个问题，讨价还价显然是不可行的。

按科斯的观点，在这个例子中，法律应把解决外部性的责任交给成本相对较低的一方。由于异族男女因不能在公共场合拉手而遭受的累积货币损失（1万美元）小于受影响白人目睹他们拉手的损失（100万美元），因此，我们按科斯定理依旧可以推断出：正确的选择就是禁止异族男女在公共场合拉手。

这个例子显然有助于解释结果论者的“道德推理”为什么一直受到很多人的怀疑。但是在否定科斯的观点之前，那些与我立场相同，同意禁止不同种族男女在公共场合拉手的人都应考虑到这样一种可能性：科斯的观点根本就不适用于这个例子。

上述分析彻底忽略了一个事实：随着时间的推移，人们会以完全不同的方式对待不同形式的现实伤害或想象中的伤害。在20世纪60年代的亚特兰大市，白人居民为避免看到不同种族男女当众拉手，其愿意支付的总金额的确低于不同种族男女为获得当众拉手权利而愿意支付的总金额。但由于异族通婚现象在此期间越来越普遍，人们对这个问题的态度也发生了重大转变，而且这种变化在当时已是完全可以意料的事情。

20世纪60年代，我还在亚特兰大市读大学。我的很多同学坚决反对任何形式的异族交往。虽然从来没有在南方生活过，但我的孩子们却告诉我，他们在情感上对异族男女公开拉手没有任何反应，因为这在他们生长的环境里已是司空见惯的事情了。任何一个曾在南方以外地区生活过的人都应该能预见到，随着生活环境的不断变化，南方人的生活态度也在变化，他们因这种社会现象而体会到的伤害感也必将明显减弱。

相比之下，还有其他很多伤害形式不仅没有随时间的推移而削弱，反而愈演愈烈。接受环境噪声受到的损害就是一个这样的例子。人不仅不能适应嘈杂的环境，而且心理压力会随着噪声影响时间的延长而加剧。

同样，一个长时间被禁止与心上人牵手的人，几乎注定要表现出类似的症状。他不仅不能接受被剥夺其他人所享有的权利这一事实，而且伤害感还会随着时间的推移而加剧。

伤害他人的行为在本质上既具有相互性。如果存在异族拉手现象，有些人可能就会感觉受到伤害。如果禁止异族男女拉手，其他人则注定会受到伤害。科斯的理论指出，在这种情况下，最可取的应对措施就是让总损失达到最小。合理利用这个理论，不仅需要评估各方在此时此地感到或者说自称感到的损失，还需要评价他们规避这些损失或是随时间推移而适应这些损失的能力。在合理运用的情况下，科斯理论就不会排斥异族男女牵手。

我们到底该保卫哪些权利？

以某种方式从事某种行为的权利不可能是毫无根据的。维护某种既定权利会给受益者创造收益，但它也会带来成本，不仅是权利的行使者需要付出成本，那些行为受到该权利制约的人同样需要付出成本。

即使是道义论者也不得不承认，成本与收益是道德决策的基本因素。显而易见，社会对于应执行哪些权利的决策同样包含着道德因素。我认为科斯理论并不是认识这种决策的唯一正确的框架。但是，既然我们认同成本和收益至少会在某种程度上决定不同方案的结果，那么，我同样希望我们能接受，科斯的理论经常会帮助我们更清晰地思考不同方案的利弊权衡。

当然，很多自由主义者及其他信奉自由市场的保守主义者都是科斯理论的坚定维护者。但只需略加思考，我们就能更清晰地体会到，这种一边倒的维护必将导致他们无法客观对待穆勒的“伤害原则”的逻辑内涵。只要坚持“伤害原则”有助于对抗自己不支持的监管政策，那么很多自由主义者就会倾向于选择接受“伤害原则”。

反之，当“伤害原则”似乎有利于支持他们不喜欢的某种监管政策时，这些自由主义者往往会不加犹豫地断然拒绝。并声称，以前取得的权利允许他们在这种情况下采取其期望的行为。既然如此，就不能再接受会破坏这种权利的新政策。但后一种策略则会迫使他们不得不面对一个无法回避的问题：这样的权利从何而来。

按照他们所拥护的科斯理论，社会应根据权利的定义和行使，拟定出人们在讨价还价可行时所能独立达成的契约。在这个理论框架内，有害行为就是一种人们为规避其后果而甘愿牺牲其现实资源的行为。按这种方式定义的伤害并不局限于肉体上的暴力或者财产偷窃，还包括以前章节讨论过的各种间接性伤害，譬如短跑运动员因竞争对手服用违禁药品而遭受的不利影响。

如果自由主义者要坚持现有的政策建议组合，他们就必须面对某些艰难的选择。但是要继续拒绝采纳穆勒的“伤害原则”，他们就必须坚持，他们有权采取损人不利己的行为，也就是说对他人采取伤害性极其严重且易于衡量的行为，但这些行为有可能对他们自己毫无益处。由于这样的权利在科斯理论的框架内根本就站不住脚，因此，要选择这样做，他们就必须彻底拒绝科斯理论。但是，对于一个诚实的自由主义者来说，要坚持这样的立场将会多么艰难啊！假如你是一个真正的自由主义者，对于一个以最大程度实现你所追求的结局的理论体系，你又怎么能置之不理甚至断然拒绝呢？

为便于讨论，我准备采纳支持科斯的自由主义者立场，并进一步探究这种权利思维将带给我们哪些启示。在这里，接受成本和收益决定哪些权利应予以维护的原则是一回事，而认同如何衡量相关的成本与收益则完全是另一回事。与如何权衡利益冲突者的对立观点相比，没有几个问题招致如此之多的分歧和争议。我将在下一章里指出，科斯的理论同样为我们认识这个问题提供了有益线索。

第7章

效率法则

用案例说话

Efficiency Rules

安静的夜晚，你在品读一本书，隔壁家却传来吱吱呀呀的学琴声；音乐电台的铁杆听众，有一天突然发现，节目换成了无聊的谈话内容；古钟发烧友，遇见一件做梦都想得到的座钟，无奈被暴发户高价夺爱……

小事的背后，似乎总有一只无形的手，是谁拨动了政策的天平？

货币的演化促进了劳动分工与专业化进程，而劳动分工与专业化则推动人均收入在过去几个世纪里增长了几千倍。此外，货币还是决定两种对抗性利益主体谁会占据优先地位的记账单位。

罗纳德·科斯讲述过一个案例，一家工厂主的机器噪音干扰到隔壁医生的工作，为了找到解决这个问题的最优方案，只需对比工厂主安装隔音设备的货币成本与医生搬迁到僻静地区的货币成本孰低即可。对比发现，尽管双方收入明显与法律裁定由谁承担噪音污染责任相关，但他们各自的收入彼此不相关。

成本－收益实战练习

在某些情况下，各方收入受到有害性活动影响，同时，他们又直接决定了消除这种影响的最低成本。

多演奏 1 小时，要付出多少成本？

我们假设萨拉喜欢在晚间拉小提琴，而这又会打扰邻居萨姆。法律是否应禁止萨拉在晚间拉小提琴呢？

为便于讨论，我们假设立法者只考虑两种解决方案：要么禁止在晚上22点之后演奏乐器；要么禁止在23点之后演奏乐器。

要确定哪种方案有利于以最低成本解决这个问题，立法者就需要掌握两方面信息：要么萨拉在22点至23点拉小提琴所能体验到的价值；要么萨姆为了在22点至23点享受安静，愿意支付的成本。

显然，萨拉喜欢拉小提琴，且希望一直拉到23点，但她的这种偏好或者说感受到底有多强烈呢？对大多数经济学家而言，这个问题的答案在原理上再简单不过，但是在实践中就不那么轻松了。它的价值相当于萨拉为了多演奏1个小时而愿意支付的最大金额。

经济学家还会以类似方式回答另一个问题：萨姆偏好从22点开始享受安静夜晚，具有多大的价值？它同样等于萨姆为了多享受1小时安静所愿意支付的最大金额。如果直接问当事双方愿意支付多少价钱，并告诉他们实施噪声法令的时间将取决于他们的回答，他们将会有明显动机高估自己的成本。因此，为了更贴近现实生活，经济学家往往试图间接推测每一方的支付意愿。比如说，可以对比在不同时间开始执行噪声法令的社区为此投入的成本。

相关各方为了独立解决噪音问题，自愿支付一定额度的金钱。这种以支付的金钱额度为基础的政策建议，其测量标准的可行性没有太大争议。而争议主要是支付意愿受制于各自的支付能力。人们为了多获得1小时安静时间或者多获得1小时演奏时间而自愿支付的成本，取决于多种因素，包括他们对音乐的感受、公寓墙壁的厚度以及各自的作息时间等，但支付意愿主要取决于他们的收入水平。在假设其他条件不变的情况下，人们的收入水平越高，他们为独立解决噪音问题而愿意支付的成本就越高。

最终的结果是，按科斯理论解决这个噪音问题的方案明显有利于最富有者。例如，我们可以假设萨拉非常希望能演奏到 23 点，但微薄的收入让她只能支付 8 美元来获得这额外 1 小时的演奏时间；同时，假设富有的萨姆并不会因为萨拉在夜间演奏而受到干扰，他希望在 22 点以后开始享受安静，且愿意支付 15 美元多享受 1 小时安静时间。按科斯的理论则会推论出，解决噪音问题最有效的方法就是采纳一个禁止在夜间 22 点之后制造噪音的规定。

针对这个例子到底应采取哪个对策？我对 90 多名研究生进行了调查，结果却显示，超过 80 人认为应在 23 点之后实行宵禁。

1960 年，科斯的论文《社会成本问题》刚一面世，左派批判家的反对声便接踵而来。他们认为，按支付意愿衡量成本与收益纯属乱弹琴，因为这彻底违背了所有公民不管其收入如何都应享有平等权利的基本原则。尽管成本－收益分析法听起来似乎很有说服力和吸引力，但却极具误导性。我们将会看到，它被看成是穷人与富人共同受益政策不断失败的原因。

实际上，大多数人似乎都愿意接受这样一个事实：支付意愿将决定谁是私人市场的受益者。假设有一幅油画正在被拍卖，而且许多人都想得到这幅油画，愿意支付价格最高的人将得到这幅画。在根据成本－收益分析法制定公共决策时，自愿支付原则同样具有决定性。尽管大多数人都认同以支付意愿为基础决定私人领域的资源配置，但它在公共领域的使用却带来了更多的激烈争议，以至于我们不得不经常放弃传统的成本－收益分析法。

我们借助一个简单的例子，阐述成本－收益分析法在公共领域使用过程中的某些基本问题。

收益超过成本，电台转变形式

假设一个地区的居民投票决定当地公共无线电台的节目形式，是否从纯音乐改为纯谈话。两种形式的成本完全一样。一个富裕选民赞成转变形式，两个贫困选民反对转变形式，且赞成与反对的程度完全相同。其他所有选民对节目形式完全不在意。由于他们的收入相差悬殊，富裕选民愿意支付1 000美元支持改变广播形式，而两个贫困选民每人只愿意支付100美元维持原有形式。那么，无线电台是否应该转变形式呢？

按照标准的成本－收益分析法，进行转变形式的收益为富裕选民愿意支付的1 000美元，而成本则是200美元，即两个贫困选民为维持原有形式所愿意支付的总和。转变形式的净收益为800美元。成本－收益分析法支持收益超过成本的选择，因此，这一分析法自然也就无可争议地表明：电台应转变形式。

批判家们则反对以成本－收益分析法解决上述涉及基本民主价值观的问题：法律面前人人平等。在刚刚讨论的例子中，假设每一方对转变形式具有完全相同的偏好。批判家们会问，富裕选民的偏好为什么就应该优先于两个贫困选民的偏好呢？

这个问题明显有强词夺理的意味。成本－收益分析法在这些情况下的具体操作方式本身就存在争议。这也导致许多政府不愿意采用成本－收益分析法。例如，克林顿执政期间就曾颁布过一条总统令，要求联邦政府机构根据收入分配情况调整成本－收益分析的结果。假如我们按支付能力彻底调整支付意愿，上述广播电台例子中的成本－收益分析也就变成了简单的“查人头”。也就是说，从全部播放音乐向全部播放谈话节目转变形式的提议将以2∶1的投票结果被否决。

这难道就是正确的结果吗？问题并不在于成本－收益分析法的具体形式是否有争议，而是在于其他决策规则是否能带来较优的结果。

在本例中，放弃成本－收益分析工具的最明显的一个结果就是不能转变净损失为800美元的节目形式，即富裕选民支付的1 000美元与两个贫困选民节省的200美元损失之差。这800美元的损失本可以轻松避免。例如，可以向富裕选民额外加征一笔税，比如说500美元，同时对两个贫困选民各自减征 250 美元税收，以此为条件转变节目形式。与原方案相比，它可以同时改善所有选民的福利水平。

富裕选民可能会抱怨这笔额外征收的税款。但是从他的角度看，成本－收益分析法的结果更糟糕。转变节目形式给他节省的 1 000 美元收益足以补偿额外缴纳的 500 美元税款。另一方面，尽管两个贫困选民会因为失去自己最喜欢的全音乐节目而感到闷闷不乐，但成本－收益分析法的结果对他们来说同样更难以接受。因此，根据这两个穷人的计算，每人减少 250 美元纳税额足以补偿他们因转变节目形式而受到的每人 100 美元损失。这就是说，如果没有收入转移，所有人都会受损，见表 7.1。

表 7.1　税收转移有利于个体利益

节目形式 / 收益	音乐	谈话		
	保留音乐节目形式	未发生收益转移的收益	通过税收进行收入转移	收入转移后的个人收益
1 个富人的收益	−1 000	1 000	−500	500
2 个穷人的收益	100 × 2	−100 × 2	+250 × 2	300
社会总收益	−800	800	0	800

少数的自由主义者反对政府以法律手段强制实施收入转移。这是你的钱，政府无权拿走你的钱去施舍穷人。这种反对经常遭到来自于社会公平方面的抨击，然而在效率方面，它更容易受到攻击。

在一个民主社会里，穷人的利益同样需要得到这样或那样的关注。排斥收入转移往往意味着以其他代价更高的方式体现他们的利益。相比之下，允许这种转移则更可能制定出兼顾穷人与富人共同利益的巧妙政策。为了实施这些政策，人们需要在支付意愿上有更大的自由度，而这种自由度通常以更大的收入转移意愿为代价。

如前所述，支付意愿作为资源配置的基础，在私人领域比公共领域被更加广泛地接受。即使是在私人领域，依靠支付意愿的决策在某些情况下也会破坏公认价值观。核心问题并不在于支付意愿是否能带来最优配置，而是在于某个选择能否带来更优配置。下面的例子将说明，支付意愿的确有可称道之处，即使它有时也可能带来违背公认价值观的结果。

出价高低更重要，还是购买意愿更重要？

一家古玩店收藏了一尊1905年“斯帝克利”牌座钟，并放置在正门橱窗中公开展示。两位潜在买家都想得到这尊座钟。苏珊是一名四年级教师，她酷爱收藏20世纪早期生产的座钟；马尔科姆是一位非常富有的律师，他虽然喜欢座钟，但是对时代概念没有任何特殊的兴趣。

苏珊经常参加古董研讨会，而且一直梦想着能在自己承受的价格范围内得到一尊“斯帝克利”牌座钟。而马尔科姆则是偶尔经过这家古董店时看到了这尊“斯帝克利”牌座钟，他觉得这尊座钟适于放在自己的办公室候客厅。

苏珊是一位单身母亲，每年收入约为2.8万美元，她愿意为“斯帝克利”座钟支付不超过5 000美元的价格。在苏珊看来，这绝对是一笔巨大的开销，这个金额足以显示苏珊对这尊座钟的渴望。马尔科姆的年收入约为95万美元。尽管他对这只座钟并不是太在意，但他还是愿意花掉1万美元购买。按照市场机制，拥有更大支付能力的马尔科姆理应拥有这尊座钟。

实际上，包括自由市场机制的酷爱者在内的许多人都会强烈地感觉到，这不是最优结果。毕竟，这尊座钟毕竟能为苏珊带来持久而真正的满足感，而座钟只能给马尔科姆带来一笔巨大的浪费。尽管人们对此会有种种担心和感到疑虑，不过，许多人还是会接受市场结果。因为在这个例子中，他们还找不到其他更可行方式利用非正式信息，评估各自的偏好强度，进行资源配置。例如，仅仅依据人们在口头上表达，自己如何迫切地想拥有某种商品或服务，来分配这种商品或服务，显然是不可行的。

不过，这个例子更加令人信服地解释了“支付意愿”的概念。完全可以认为，苏珊显然比马尔科姆更在意这尊座钟。但假如我们仅看两个人为这尊座钟而在口头上愿意支付的名义价格，苏珊拥有这尊座钟显然不是更好的结果。因为她的可支配收入远低于马尔科姆的，这使得苏珊拥有其他物品的紧迫性同样超过马尔科姆。马尔科姆的收入明显高于苏珊，因此，他在所有商品或服务上消费的最后1美元，所体现的边际需求强度都不及苏珊。比如说，搬到一个更安全的社区或是选择更好的学区对苏珊的影响要比对马尔科姆的影响更大，这并不是因为马尔科姆不关心这些问题，而是因为他已经居住于更安全、学校质量更好的社区。

即使让苏珊得到这尊座钟，但是按照她赋予这尊座钟的价值，她的最优选择依旧是把座钟卖给马尔科姆。毕竟马尔科姆愿意为这尊座钟多支付5 000美元。如果苏珊愿意为此掏出5 000美元，这只是说这尊座钟对她来说极为重要，但绝不等于说，它比苏珊用这5 000美元购买的任何东西都更重要。

假设马尔科姆最终用8 000美元的价格买下这尊座钟。苏珊或许会因为没有能力买下这尊座钟而感到极端的痛苦。但是按照苏珊自己的估价，她没有用这8 000美元购买其他更急需的东西，苏珊或许会感到更失望。如果我们相信苏珊和马尔科姆愿意为这尊座钟而愿意支付的价格是他们的真实意愿表示，那么，由马尔科姆最终拥有这尊座钟对双方来说都是最优选择。此外，由于苏珊和马尔科姆是这只座钟仅有的两个当事方，因此，这个选择足以解决分配问题。

但并不意味着这就是所有人都认可的最优结果。比如说，我们不能一概而论地认为，只要减少购买力分配的不公平性，整个世界就会变得更美好。假如这名教师每年的收入为7.5万美元，而律师的年收入则是20万美元，此时，苏珊或许会为了这尊座钟提出高于马尔科姆的报价，因为马尔科姆对座钟的在意程度远远低于苏珊。但是考虑到现实的收入分配状况，最优的结果依旧是由马尔科姆占有这尊座钟。

这个例子告诉我们，尽管按支付意愿分配稀缺资源不能在所有方面都令人满意，但它使整个“经济蛋糕”最大化。如果按支付意愿以外的其他标准分配稀缺资源，那么，我们就会像上述座钟及广播电台等例子显示的那样，总能找到让所有当事人都受益的新安排。这背后最根本的原理在于，在经济蛋糕越来越大时，每个人都可以分得更大的一块。因此，把整个经济蛋糕做得尽可能大，不仅符合富人的利益，也符合穷人的利益，而这意味着资源的分配决策应依赖于支付意愿。

考虑一下如何在航班座位预订满员后解决分配问题，上述这些例子背后的道理就更简单了。航空公司对某个航班接受的座位预订数量超过该航班所能提供的座位数量是很常见的事情。航空公司可以减少乘客因临时放弃已预订座位而形成的空置座位数量。尽管这可以减少损失，但也存在一个明显的缺陷：对于个别航班而言，实际到机场乘机的乘客数量超过该航班实际座位数量。

先到先走，还是有钱人先走?

假设有260人到机场搭乘纽约至洛杉矶的航班，而该航班却只有250个座位。在这260人当中，约翰是第2个在登机口排队的乘客，而埃里克则排在255位。

约翰是一个办公室职员，他要赶到洛杉矶探望病危中的祖母，如果错过这次航班，他就不得不等候10个小时才能搭上下一次航班，他为了乘坐本次航班愿意支付的价格是350美元。埃里克是最后赶到机场的几名乘客之一，这并不是因为他心不在焉，而是因为他乘坐的航班晚点。埃里克是微软公司的一位副总裁，他准备乘坐本次航班到夏威夷度假。尽管他还可以到西雅图转机去夏威夷，而且抵达时间只推迟1个小时，但他为了不错过这次航班仍然愿意支付1 000美元。在这两个人当中，谁应该搭乘本次航班呢?

在1979年之前，这个问题可能还遵循先到先走的原则。约翰理所应当地搭乘本次航班，而埃里克则不得不等待下一次航班。与前述古董座钟的例子不一样，在所有旁观者看来，这个结果都是一件好事。不仅约翰本身的理由更令人同情，而且他赶到机场的时间也早于埃里克。

但问题在于，先到先走原则并不总能带来让人们感到愉悦的结果。即使是在这个例子中，也不一定会带来最优的结果。比如说，埃里克或许很容易就可以成为第2个赶到机场的乘客，而约翰也有可能成为第255个达到的乘客。考虑到许多随机性因素会导致转机航班晚点达到，因此，我们没有任何理由推断，第一个站在登机门前的那个人对拥有座位的需求最迫切。

先到先走原则并不是按支付意愿分配稀缺座位，因此，它不能实现整个“经济蛋糕”的最大化。它迫使某些甘愿为准时达到目的地而支付更高价格的乘客不等待下一次航班，而允许某些愿意被推迟到下一次航班也不愿意支付较高价格的人登机。正是出于这个原因，民用航空委员会（CAB，在1984年以前负责监管航空业的联邦政府机构。——译者注）建议，放弃先到先走原则，并采取以支付意愿为基础的座位分配制度。

按照民用航空委员会的具体建议，要求超量接受预订的航空公司通过返还现金、免费机票或其他补偿形式说服乘客放弃预订。按照该建议，持有已确认预订座位的所有乘客均有权登机，这就要求航空公司将补偿水平提高到足以吸引部分乘客自愿放弃本次登机。

当联邦政府机构提出这类提议时，需要留给公众及其他当事方一段时间提出意见，通常为60天。就在民用航空委员会公布这项提议之后不久，由来自华盛顿特区的拉尔夫·纳德倡导发起航空消费者行动项目，发出一份措辞激昂的起诉书。航空消费者行动项目的基本宗旨就是保护航班乘客免受航空公司盘剥。在起诉书中，该组织指出，如果民用航空委员会采纳这项提议，等待下一次航班的负担就会不公平地落在穷人身上。和其他领域一样，“航空消费者行动项目”同样令人担心这会让富人有权以金钱换取便利，而穷人则不得不忍受痛苦。

航空消费者行动项目的反对者最初也曾赢得了一部分人的支持。大多数人经过三思后，似乎觉得这个意见有点愚蠢。问题在于，反对拍卖程序就意味着维持现状，而这往往是穷人更不愿意看到的结局。我们不妨假设，急于赶到洛杉矶探望病危祖母的约翰是第255个来到机场等待登机的乘客，而不是排在第2位。按照民用航空委员会的拍卖程序，只要决意登机，约翰就有权登机，但约翰也可以选择放弃预订，接受航空公司提供的补偿。但是按照先到先走原则，他却不得不放弃本次航班。

如果采取拍卖制度，航空公司就必须找到10个愿意放弃预订的自愿者。假设约翰已经拒绝了航空公司最初提供的200美元补偿，这就导致仅有3个人自愿放弃预订。当航空公司将补偿金额提高到300美元时，又有一个人愿意放弃预订，但约翰依旧不肯接受。最初，当补偿进一步提高到400美元时，约翰和其他5个人（其中不包括微软公司副总裁埃里克）同意等待下一次航班，从而让本次航班按时起飞。我们再假设，就在约翰准备接受400美元的现金补偿时，航空消费者行动项目的官员带着法院限制采取拍卖制度的强制判决书赶到机场。在当时的环境下，约翰可能对"航空消费者行动项目"为什么一定要通过否定其自愿放弃选择而维护其利益的方式感到不解，这没有任何值得指责的。约翰并不一定要自愿退出，这只是他可以做出的一个选择。约翰之所以选择自愿放弃，是因为在他看来，这400美元的价值要超过他对获得本次航班座位的评价。否则，他同样会选择拒绝。

多年以来，我曾经与几百人讨论过这个例子，但迄今为止，还没有遇到任何人表示，面对航空消费者行动项目的反对，民用航空委员会应放弃其建议。拍卖程序的有效性在于按支付意愿分配有限的座位。采纳支付意愿意味着那些需求强烈的穷人在某些条件下不得不等待下一次航班，而不着急的富人可以不受干扰地继续自己的旅行。但是那些自愿接受补偿的人可以凭借这笔补偿满足他们认为更紧迫的需要。尽管约翰可以推迟探望病危祖母，但他还可以用意外获得的这400美元做其他更有价值的事情。

决定是否自愿退出对某些人来说是一件很困难的事情。但民用航空委员会认为，允许某些人独立作出选择，而不是听从航空消费者行动项目的放弃选择权的意见，才是更优的方案。和以往一样，最重要的问题并不是支付意愿是否会带来最优的结局，而在于是否存在其他更优的方案。

拒绝航空消费者行动项目的建议并不等于否认穷人需要面对的艰难。这个例子同样不能说明的是，支付意愿一定会成为所有分配问题的最终判断标准。我在这里强调的是一般性商品及服务的分配，如：一家公立广播电台应播出哪种节目？谁应该获得古董座钟？谁应等待下一次航班？

民用航空委员会提出的自愿者拍卖建议，仅仅是政府机构按支付意愿分配座位的过程中，遇到困难时采取的诸多机制之一。例如，尽管民用航空委员会没有建议航空公司向主动让出座位的乘客提供补偿金，但却可以建议航空公司把座位提供给出价最高的乘客。和原来的建议一样，这种方案同样属于以支付意愿为基础而进行的分配。如果民用航空委员直接建议乘客为获得乘坐本次航班的权利进行竞价，这个建议或许永远也得不到采纳。

民用航空委员会并不是唯一对这种分配问题感到棘手的联邦政府机构。即使是在采取较为宽松的竞选筹资法时，低收入选民也会在政治民主体制中发出令人不可低估的声音。这些低收入选民及其代言人将反对任何对他们的利益漠不关心的政策。当然，他们是否真正拥有否决某种特定政策的权利，将取决于具体环境。

除了航空消费者行动项目的反对之外，民用航空委员会的自愿拍卖计划并没有遭到穷人及其利益维护者的极力反对，它为低收入乘客提供了一种拥有真实经济价值的权利。如果不主动提出为获得补偿而放弃座位，他们就有权保住自己的座位。如果该项提议没有设置这一基本权利，那么，它必然会遭到穷人及其利益维护者的反对。先到先走原则与自愿拍卖制度相比，后者使所有乘客的利益都更优。

航空消费者行动项目认为，在拍卖体制下，穷人要被留下等待下次航班的观点是不正确的。急于赶时间的低收入乘客要避免成为自愿放弃者，就必须按时到达机场，而要求不太迫切的富有乘客也往往会成为自愿放弃者。不过，低收入乘客不一定比高收入乘客更有可能成为自愿放弃者。但是，当他们主动提出放弃座位时，很可能是因为在他们看来，现金补偿或者免费机票比按时起飞而节约的时间更有价值。

上述这个例子清晰地表明，人们对某种选择所赋予的货币价值为如何最优配置稀缺资源提供了一种有效的依据。无论任何时候，收入分配都有可能不公平，因此，任何不以支付意愿为基础进行资源分配的公共政策，都可以通过改善而为所有人带来更优结果。

一般而言，市场怀疑论连同人们对收入分配不均日趋加剧的顾虑，让许多自由主义评论家对公共政策制定过程中肆意使用支付意愿原则抱有敌意。而且，由于上述民用航空委员会事例中采用的原则又具有普遍性，因此，对于超低收入选民来说，自由主义评论家的敌视态度必将让他们付出沉重代价。事实上，对于任何一个不能反映人们支付意愿的公共政策的替代方案，只需对其设计细节稍加改进，即可转变成为所有当事人带来更优结果的公共政策。而那些拒绝采取这些改进的人最好把自己想象成拉尔夫·纳德，他手里挥舞着法院强制令，以阻止低收入乘客自愿为搭乘下一次航班而获得航空公司提供的补偿金。

富人不愿意再补贴穷人

保守主义者始终反对收入转移，这使他们成为采纳高效公共政策过程中更大的绊脚石。任何一种不采取从富人向穷人收入转移政策的民主制度几乎都以垮台告终，换句话说，不保护穷人利益，将会付出更大的代价。

上述公立广播电台的例子阐述了其中的基本思想。不妨回想一下：从全音乐节目转换为全谈话节目将为富裕选民创造 1 000 美元的收益，但却会给每个贫穷选民带来 100 美元的损失。贫穷选民有权力通过投票否决节目转换。由于转换带来的收益远远大于成本，动用权力并不能实际增加穷人的收益。如果穷人为换取收入转移而支持节目转换的话，所有人都会从中受益。如果不能进行这样的收入转移，就不能实现预期的节目转换，贫富双方的利益都会受损。

这样的事例绝不是孤立事件。例如，1979 年的能源危机曾促使吉米·卡特总统提议对每加仑汽油征收 50 美分的汽油税。他的出发点是通过价格机制抑制汽油消费，进而减少美国人对进口石油的依赖程度。提议刚出即遭到反对，反对者认为，这将给贫困家庭带来难以承受的压力。但卡特早已预料到这些反对意见，于是他又提出下调工资税，通过削减工资税的方式缓解石油税给低收入家庭带来的不利影响。

最终，卡特的提议还是被否决了，一方面原因在于许多反对者错误地认为，削减工资税会减弱人们的储蓄动机。他们没有看到的是，尽管工资税减免可能会让人们依旧像以前那样消费汽油，但石油的税后价格提高了，这会让他们有更大的动机减少汽油购买量。另外一方面原因是，它需要向穷人进行收入转移。一年多后，罗纳德·里根当选总统，但国会对收入再分配政策的敌意已经抬头。

卡特提议遭到否决的最终影响就是同时减少了富人和穷人的经济福利。事实上，美国并没有像卡特设想的那样通过价格体系限制石油消费量，而是采取价格控制政策帮助穷人抵御高价格。而最终的结果让所有人付出了沉重代价，如人们在加油站前排起长队等待加油，期待已久的旅行被迫取消等等。如果当初采纳卡特的提议，富人就不会为了加油而不得不忍受长时间的排队。穷人不仅同样可以避免排长队，而且工资税下调也能部分缓解汽油价格上涨带来的压力。

这样的事例举不胜举。如果我们不能或者不愿意通过税收机制实现收入再分配，我们就不得不借助于代价更高昂的途径照顾穷人的利益。难道穷人就不配过体面的生活吗？最有效的补偿措施就是提高“所得税减免”（Earned Income Tax Credit，简称“EITC”。——译者注）的额度，这也是罗纳德·里根时期批准的若干收入转移政策之一。近年来，国会保守派对“所得税减免”的反对声音愈加强烈。假如我们不能进行直接性收入转移，租金控制等其他替代方案大多会让我们付出更高的代价。

贫穷的农民能实现收支平衡吗？最有效的解决途径可能就是直接向他们转移收入。当这条道走不通时，我们就只好另寻其他成本更高的出路，比如说为农产品提供价格补贴。穷人应该支付得起电话服务费、油费或电费吗？同样，最有效的途径可能仍然是收入转移。我们保证“生命线”的公用事业费率，同时，并不鼓励提高公用事业费率，进入低效使用模式，进而给其他消费者带来更高的生活成本。

人们不愿意接受收入转移，其后果之一就是让“超龄”汽车逃脱污染法监管。在洛杉矶，使用寿命达到或超过 15 年的“超龄”汽车仅仅占一小部分，却排放了绝大部分尾气烟雾。如果将这些汽车纳入污染法管制，立法者担心可能给驾驶这类汽车的最贫困居民带来难以承受的生活成本，因此，这些“超龄”汽车逃脱了污染法监管。

实际上，如果把足够的收入转移给这些“超龄”汽车的车主，鼓励他们购买新汽车，污染问题就可以明显缓解。这个策略可以有效减少二氧化碳和一氧化二氮的混合污染物排放量，成本约为每磅 15 美元。但是，目前法律对这些汽车没有明确规定，因此，美国加利福尼亚州立法机关已授权有关机构开发电动汽车，这个方案也可以有效减少混合污染物排放量，但其成本约为每磅 900 美元。此案例再次证明，抵触对收入转移会给富人和穷人都带来更高的成本。

据经济学家估算，只需征收拥堵税，就可以节约几十亿美元的公路建设成本，并有效缓解交通堵塞问题。具体做法是，对现有收费系统进行改造，为汽车装备小型电子接收器，记录其在堵塞程度不同的路段上的行驶情况。于是，有人在午间交通高峰时段通过曼哈顿城区时，这个接收器就会自动为他多计 10 美元的过路费。

采纳这种系统存在一个明显的障碍：它会迫使低收入者在交通高峰期避开交通拥挤路段。尽管新系统带来更多的收益和成本节约，而且足以弥补给低收入者带来的损失，但是没有必要的收入转移，低收入者就会反对征收拥堵税。这样，我们就不得不继续承担原本可以轻松规避的道路建设支出与拥堵成本。

这些只是我们不愿意对穷人进行收入转移，而不得不采取其他政策所付出的代价。即使拒绝通过税收机制进行收入再分配，仍然无法从根本上改变这样一个事实：在民主社会里，穷人的利益更加需要得到保护。同时，人们只能以代价更高的途径来保护他们的利益。

政策优化从这里出发

通常情况下，如果不能有效解决再分配问题，就会制约我们采取较优的政策。但在某些条件下，政策制定者通过直接性收入转移，可以为这些政策实施铺平道路。

查号服务从免费变收费，为何还能皆大欢喜？

这是一个很有说服力的案例。纽约州立公共服务委员会(New York State Public Service Commission）提议对私人电话拨通查号服务每次收取 0.1 美元。当时，这种电话服务是免费提供的。该委员会提出这些议案的出发点是，在免费呼叫时，人们过度依赖这项服务，电话公司不得不雇用更多的接线员去查找拨打方问询的电话号码。但实际上，大多数打电话的人自己就可以轻松找到这些号码。

委员会的提议招致了暴风雨般的抗议。在纽约州立公共服务委员会举行的听证会上，社会学教授提出，如果呼叫方不能获得免费查号服务，最基础的社区通讯系统将遭到严重破坏。

当情况越来越不利于这项提案获得通过时，该委员会主席阿尔弗雷德·卡恩（Alfred Kahn）则提议对这项议案进行简单修正。修正后的议案保留每次查号服务收取 0.1 美元的规定，

> 同时将部分免费查号服务接线员分流到其他更有价值的工作岗位，由此节约下来大量的人工费用，以此为每个电话用户每月提供 0.3 美元的优惠。如果呼叫方每月拨通查号服务电话的次数不足 3 次，他的实际电话费就会低于以前。通过这样的修正，公共服务委员会的提议几乎一致通过。

在这个案例中，紧要关头的这点儿微不足道的利益却显示出分配关注者在公共政策领域的巨大威力。以前，查号服务电话免费时，也几乎没有几个家庭每月的呼叫次数超过 10 次。即使是对于最贫困的家庭，我们也很难看到每月 1 美元的额外开销会给他们的生活水平带来多大影响。此外，这个例子还告诉我们，如果把收入转移或具有相同功能的措施作为可行的政策工具，那么，我们完全可以说服此类有效政策的反对者。

在农业领域，我们提供了一个直接收入转移促进政策调整的案例。

用政府补贴生产过剩农产品，还是退耕拿现金？

> 美国的许多家庭农场长期承受着经济压力，他们的劳动生产率远落后于现代企业化农场，且差距在不断扩大。现代化企业农场通过扩大农业生产规模，促使农产品的价格一降再降，这导致许多家庭农场入不敷出。
>
> 考虑到这类家庭农场遭遇的困境，国会提高了对农产品的价格补贴水平。农产品价格补贴政策唆使农场主支付数十亿美元雇用劳动力，购置机器、种子、化肥及其他原材料，但消费者却不想按补贴价格购买这些农产品。于是，政府就必须收购过剩的农产品，还要花费大量的人力物力贮存这些农产品。最后，政府只能眼巴巴地看着大部分农产品腐烂或是变成废物。如果国会当初只是为了设计最没有效率的政策来帮助家庭农场，那

么，他不可能找到比这更没效率的对策。

但是，美国农业部（USDA）在继续执行农业价格补贴的同时，还执行一项其他政策，旨在更有效地解决农民贫困问题。我指的是农业部的土地休耕保护计划，按照这项计划，农民将根据退耕面积获得现金补偿。该计划为生活窘迫的家庭农场提供了额外的收入来源，使其不再继续生产过剩的农产品。

尽管事实证明土地休耕保护计划远比价格补贴更有效，但它依旧遭到质疑。实际上，我们很容易理解批判家们为什么抱怨这项计划奖励不干活的农民。如果替代方案是实施高价格补贴政策，鼓励农民生产废物，那么，土地休耕保护计划的吸引力就显而易见了。不管怎么说，这个例子都表明，抵制收入转移并不一定能减少低效政策的浪费。采取收入转移政策，同样会带来另一个问题，那就是我们为什么不能经常这样做。

优化路上的绊脚石

在某些情况下，如果我们不能对其进行修正或完善，为什么一定要回避成本－收益分析原则呢？其中的一个难点是，在现实中，某项公共政策的实施是为了解决其针对性问题，同时，都会或多或少地涉及收入分配。因此，具体案例具体补偿的解决方法也许简直是不现实的。针对某种情况，设计一个有效政策，并根据具体情况设置简单的补偿措施或许更为合理可行。比如，针对航班座位预订过量情况，设置自愿拍卖方案；针对查号服务收费，提供的按月逐户补贴性优惠。但许多案例显然不适用于这类措施。

即使是在收入转移措施简单易行的情况下，往往也难于找到一个清晰明了的有效政策。例如，如果租金管制无效，一个城市为什么不使用代金券买断租金，进而控制房租呢？这样，房客就可以搬迁到面积较小、收费标准较低的公寓，并以代金券形式获得等额现金补偿。

同样的道理，我们为什么不采用拍卖程序确定监狱或其他类似不受欢迎的公共设施的选址呢？每个社区可以通过匿名投标形式申报自己同意接受这些公共设施所愿意接受的最低价格。出价最低的社区将接纳这些设施，并按第二低的报价金额获得补偿。根据其他社区的报价，按一定比例征收补偿款。这个措施就让每个社区有强烈动机在报价时保证其诚实性。

如前面所讨论的那样，在公共领域，利用成本－收益分析法实现有效政策至少要遭遇两种障碍。首先，以自由主义者为代表的许多人反对政府以收入转移或再分配作为解决问题的基本原则。其次，考虑到政府需要面对大量形形色色的问题，具体情况具体补偿的措施简直就不可行。

尽管上述两种障碍看似合情合理，但两者都禁不起认真推敲。第一种障碍，以收入转移作为基本原则是不合法的（见第8章）。它所依据的原则是，既然个人是在市场上通过公平、自愿的交换取得收入，那么，他就有资格按自己喜欢的方式处理自己的收入。从字面上理解，这种说法根本站不住脚，因为它暗示着政府压根儿就无权向人们征税。如第1章所述，这样的政府自然也就无力供养军队，它的臣民迟早会发现，他们不得不向入侵者的政府纳税。

这个原则站不住脚，还有一个同样重要的现实原因。这个原则的支持者之所以接受它，或许是因为他们相信，对于人们亲手创造的财富，让他们直接控制其中尽可能多的部分，毕竟这是他们亲手创造的。不过，我认为，这个原则根本禁不起推敲，是因为它实际上减少了人们可以控制的财富数量。同样，民主社会要么选择把财富直接转移给低收入群体，要么就是以其他成本更高的方式维护穷人的利益。

此外，我们应该如何看待效率？对于每天所面对的不计其数的公共政策决策问题，我们不可能逐一实施补偿性转移。答案是，我们可以采用成本－收益分析法，同时，可以完全摆脱笨拙冗长的分析步骤。我的观点并不是说补偿是不必要的，而是说它并不是每一个案例都必须采取的解决方式。成本－收益分析法的批判者们在下面这个问题上是正确的：

在使用支付意愿的时候，实际上是选取了有利于高收入者的公共政策，因为高收入者有能力支付更多。

但是，我们并不是彻底撇弃成本－收益分析法，而是还有更好的选择。我们可以毫无愧色地利用支付意愿原则，通过福利及税收机制补偿低收入家庭由此而遭受的损失。同样，这种补偿没必要出现在每一个案例中的解决方法中。相反，我们只需要通过税收机制向低收入者提供减免特权，以反映在支付意愿基础上采取成本－收益分析法给他们带来的损失。这种减免特权是在其他因素所要求的福利及税收减免之外独立享受的，这也是我们将在下一章里讨论的内容。

第8章

税　收

这是你们自己的钱……

It's Your Money……

前苏联解体，美国还在危机中颤抖。到底是计划经济，还是市场经济更能造就社会繁荣？100 多年来，经济学家争得口水满天飞，也没有答案。

既然如此，不妨听听达尔文怎么说。

在《政府论·下篇》(*The Second Treatise of Civil Government*)中，17世纪著名哲学家约翰·洛克（John Locke）曾写道："每个人都对自己的人身拥有所有权。这一权利只属于他自己，而不得被其他人所拥有。他用身体所从事的劳动，他用双手所进行的工作，都属于他自己。"

这些语句让洛克成为自由主义者心目中的英雄，他们把一切税收视为偷窃。然而，更多严肃的自由主义者开始勉为其难地承认，有些税收确实不可或缺。不可否认的是，洛克的言辞拥有巨大的力量，其影响已跨越自由主义阵营的边界。假如你能借助自己的天赋或后天的能力让某个事物更有价值，由此增加的价值只属于你自己。但政府又凭什么声称对它也享有权利呢？

罗纳德·里根最早在各种场合的演说中宣扬，人类对其劳动成果拥有自然权利，在此后的几十年里，这个思想被广泛接受。20世纪80年代末，众议院筹款委员会前主席比尔·阿彻曾引用里根的观点，为其削减高收入家庭税收的主张做辩护。他写道："把华盛顿的多余纳税收入返还给缴纳这些收入的家庭与工人，这是一个原则性问题。"乔治·布什更是把减税言论发挥到了极致，在解释主要针对最富裕家庭实施的13万亿美元所得税减税提议时，布什曾说过一段几乎可以流芳百世的话："这是你们自己的钱。这是你们自己付的钱。"今天，只要有哪一位美国政治家胆敢提出新税种，反对者们马上就会反唇相讥，因为他们相信，“华盛顿的官僚知道如何比你更聪明地花掉这笔钱”。

神话所有权

在道德层面上，人们应当保留其全部税前收入的观点根本站不住脚。在现代工业高度发达的民主社会中，人们的高收入不完全是自身努力所得，在很大程度上归结于基础设施、教育以私人产权制度等方面的大规模公共投资。但我们很容易忽略的是，这些投资还将在我们走向未来繁荣道路上继续发挥核心作用。

尼泊尔的“全能”工匠，在美国能拿到数百万倍薪水

几十年以前，我亲身体验过在没有这些投资环境里的生活。那时，我加入到美国“和平队”，以一名志愿者的身份来到尼泊尔。在此后两年时间里，我在当地一个小村庄担任数学和自然教师。当时，尼泊尔是世界上最贫困的国家之一。

按当地“和平队”志愿者的习惯，我雇用了一名厨师。他的名字是博卡曼·雷。博卡曼来自邻国不丹的一个农村，他的家乡位于遥远的喜马拉雅山脉。他是我在那里遇到的最有见识、最有才华的人。

在不同的场合，他可以是一名技艺精湛的厨师，或是一名精明绝顶的谈判大师，或是出手不凡的铁匠，或是心灵手巧的木匠。他还可以宰羊，粉刷墙壁，修理损坏的闹铃。我最心爱的那双鞋被穿坏时，他还能像一个专业修鞋匠那样让我的旧鞋焕然一新。时间不长，他还成为全村房屋维修方面的权威。

博卡曼从来没有学过读书和写字，因此我离开尼泊尔之后，也从来没有联系过他。不过，今天的尼泊尔与那时相比变化并

不大，基础设施依旧极度匮乏。当时，我从担任志愿者获取的生活费中拿出几百美元作为他的薪酬，这在他的一生中绝对是一笔不菲的收入，而且足以让他成为当地人群中的高收入者。

如果他出生在美国，极有可能早就成了大富翁。像他这样一个不乏技能和毅力的人，在美国的收入至少应该相当于他在当地薪水的数百万倍。

每年4月15日，纳税申报截止期限临近时，富有的自由主义者都会义愤填膺地群起而攻之，指责政府无端掠夺本应属于他们的财富。他们应该反思一下，不管他们多么才华横溢，多么吃苦耐劳，但如果生长在尼泊尔或者索马里那样的国家，无论如何也不会拥有如此多的财富。因为帮助他们成为富人的全部基础设施，都是由纳税人共同担负的，所以在他们的全部财富中，有相当一部分是不劳而获的产物，来源于其他纳税人的投资。

小布什的一句至理名言——“这是你们自己的钱”，启发了哲学家利亚姆·墨菲（Liam Murphy）和托马斯·内格尔（Thomas Nagel）深入探讨“所有权神话”。他们认为，所有权至上的思想，让人们在思考法律与社会体制时撇弃了一些根本问题。于是，他们写道：

政府到底可以把多少“我们自己的钱”变成它的税收收入？这个问题在逻辑上并没有意义，因为包括税收制度在内的法律体系，已经明确定义了“我们自己的钱”到底是什么。

真正有意义的问题是：治理产权的法律体系到底应如何设计？它应具有哪些目标？哪些商品应由集体公共决策产生，应以何种规模提供？哪些商品应由私人个体决策产生？是否应为所有公民提供最低水平的经济保障？应在何种程度上公开维护公民的平等权？是否应在道德上严重谴责社会和经济不平等？以及如何从法律上缓解这种不平等现象？

如果不解决谁应该纳税、支付哪些税种的问题，讨论上述问题是不现实的。如果让现任官员讨论任何一种税收，无一例外地都会陷入同一个魔咒：“这是你们自己的钱”。对于普通公众来说，无法表达自己的意愿，他们只能愈加贫困。

拿税收做点实事吧

到底是计划经济体制，还是市场经济体制更能造就社会繁荣？一个多世纪以来，人们在这个问题上展开了激烈的辩论。今天，这场辩论已尘埃落定。尽管市场经济机制可能存在缺陷，但前苏联计划经济的经验已经让大多数中间派认识到，在任何一个成功的经济体制中，总能找到市场的身影。

在现实社会中，即使是管制程度最低的市场经济也需要一个庞大的公共部门。除了要维护私人公司和消费者所依赖的法律体系之外，这个公共部门还要为社会提供道路、教育、公共安全及防火、国防及其他各种公共物品。而为这些公共物品买单的就是政府税收。

对一项活动征税不仅带来收入，还会抑制这类活动。对储蓄或就业等有益活动征税会让整个经济蛋糕越来越小。反之，如果对污染或交通拥挤等有害他人的活动征税，则会让整个经济蛋糕越来越大。在第11章里，我们将深入讨论如何把针对有益活动征税转化为对有害活动征税。

这种税收转移会不断放大经济蛋糕，并且让每个人都能分得更大一块，这一点是毫无争议的。但这种方法又不可避免地引发自由主义者的反对。他们会异口同声地大声疾呼：“这是社会工程！”他们的言外之意就是，这种方式就是为了“控制我们的行为，操纵我们的选择，改变我们习以为常的生活方式”。譬如，汽油税为了减少对进口石油依赖，必然会引发这样的谴责。

在第1章里阐述过，这样的指责毫无意义，因为不同的法律和规范都是社会工程。比如说打击和惩罚谋杀与盗窃的法律，目的同样是为了控制我们的行为，操纵我们的选择，改变我们习以为常的生活方式。因而，它们也是不折不扣的社会工程。噪声管理条例、公路限速规定，甚至是道路上的信号灯和行车标志，都在社会工程的范畴。社会工程永远是不可规避的，如果没有社会工程，狭隘的私人利益就会损害到他人利益。只有绝对执着的无政府主义者才会喜欢一个没有社会工程的世界。

如果可以用明令禁止的方式防止有害行为，为什么就不能用税收实现同样的目的呢？事实上，与法律或明文规定对这种行为的限制作用相比，税收途径的成本更低，危害性也更小。这是因为税收强调施害者主动减少危害行为。这显然是成本最低而且也是最容易做到的方式。我们将在第 11 章里详细讨论这个问题。

在本章里，我们主要关注的是税收政策最有争议的一个方面。如果说政府不能以法律名义通过税收体系实现收入再分配，那么就像我们在第 7 章里所看到的那样，拒绝富人向穷人的收入转移，往往会迫使民主社会采取成本更高、效率更低的方式去解决低收入选民的基本权益问题，而这会同时伤及穷人和富人的利益。

公共物品的搭便车现象

另一个值得思考的问题是，如果不进行收入转移，穷人可以投票反对提供某些公共物品，而这正是富人希望提供的，他们也乐意为此掏腰包。和私人物品一样，人们对公共物品的支付意愿通常会随着收入上涨而提高。与穷人相比，富人总是倾向于为公共物品赋予更高的价值，这并不是因为富人有不同的口味与偏好，而是因为他们有更多的钱。

和一个由穷人组成的社会相比，一个只由富人组成的社会可以提供数量更多、质量更好的公共物品。但是当各收入阶层共同组成一个社会时，公共物品的数量和质量对所有人都是一样的。此时，不同收入阶层必须为提供公共物品缴纳数额不同的税收。我们通过几个量化的例子来说明，累进税为什么是一种让所有收入阶层共同受益的可行的选择。

两家共用的过滤器，“凑份子”买最划算

兰德和保罗在湖边的度假村紧紧相邻。由于最近一段时间斑马贻贝大量涌入繁殖，两个人都必须每周向饮水系统中加注氯气，以防止微小的软体动物在水管中大量积聚导致堵塞。一家过滤器制造商向他们推荐了一套新型过滤设备，这可以让他们省去每周都要加注氯气的麻烦。这套可满足两家共同使用的设备价值1 000美元。兰德和保罗都非常想拥有这套设备。兰德的收入水平是保罗的两倍，兰德为拥有这台设备愿意出价900美元，而保罗只愿意出价300美元。

两个人都不愿意单独购买这台过滤器，因为他们各自愿意支付的价格都低于设备的销售价格。但是由于两个人愿意开出的价格总和是1 200美元，因此，共用一台设备显然是可行的。如果这样做的话，他们总共可以节余200美元。

既然共用一套设备对兰德和保罗来说是一种有效的解决方案，但为什么一旦付诸实践就会遇到问题？正如罗纳德·科斯所指出的那样，通常情况下，讨论合作购买过程也需要支付成本。在只有两个当事人的情况下，谈判成本或许可以接受。假如有几百人甚至几千人参与其中，谈判成本会让这项合作无法实施。

在大量当事人参与时，就会出现“搭便车”现象。如果一个项目的成败不取决于某一个人的付出，那么每个人都有动机等待别人付出，或者说“搭便车”。实际上，即使只有少数人参与，如何公平分配总成本并达成最终协议也不是易事。例如，兰德和保罗可能都不会主动先透露自己愿意支付的价格，就像你不愿意在购买商品时主动先向卖家透露心理价位一样。在这种情况下，人们通常把提供公共物品的权利赋予政府。即使如此，也需要达成一个如何支付的正式合约。

假设兰德和保罗请政府出面与厂商就购买过滤器的事宜谈判，同时，

政府的税收政策采取“非歧视”原则，即为提供公共物品征税时，对所有公民等额征收。

如果在大多数居民批准的情况下才能提供公共物品，那么，受此制度约束的政府就很难提供过滤器。由于过滤器的提供不得不依赖于人头税，所以政府就必须向兰德和保罗分别征税 500 美元，以购买过滤器。由于这套过滤器对保罗的价值仅为 300 美元，因此他通过投票反对政府购买，这可能是多数人的选择。就是说，在必须依赖于人头税的时候，民主政府就不能提供过滤器这类公共物品。

现实社会中，诸如此类的案例很常见，只要人们在收入水平上存在巨大差异，对同一公共物品就会赋予不同的价值。在这些条件下，税赋均摊原则就会导致政府无法提供许多有价值的公共物品。

现在，我们再假设政府可以对收入征收累进税。如果收入两倍于保罗的兰德属于自由主义者，他会指责自己受到不公正对待，因为他缴纳的税款明显多于保罗。但是他也意识到，反对征收累进税就会扼杀这个项目。对兰德来说有利的方案是，政府向他征收 750 美元的税款，而向保罗征收 250 美元的税款。按照此方案，兰德只需付出 750 美元，即可获得对自己而言具有 900 美元价值的过滤设备。因此，他接受累进税，将会额外节省 150 美元的支出。而在保罗一方，他仅支付了 250 美元就得到了对他而言价值 300 美元的过滤设备，这样，保罗也会额外节省 50 美元的支出。

每位居民为提供公共物品缴纳相同金额或与收入等比例的税收，这显然是荒谬的。想象一下，如果让已婚夫妇对家庭生活承担相同责任会怎样呢？例如，我们可以假设朱莉的年收入是 200 万美元，而丈夫布鲁斯的年收入只有 2 万美元。考虑到自己的收入，朱莉个人希望在购买住房时比布鲁斯多承担一些。但是，如果这对夫妇必须为购买这种物品支付相同的金额，他们就只能选择小一点的住宅，只能把孩子送到一般学校，减少休假、旅游或者外出就餐等活动。因此，我们很容易理解，在购买公共物品时，为什么朱莉的出资比例超过 50% 时更可取。

上述例子中隐含着实行累进税的理由，事实上，这些理由完全来自于对现实问题的思考。累进税作为一种政策工具，可以帮助富人和穷人更好地实现各自目标。它与公平或者平等之类的道德因素毫无干系。当然，道德原则始终是自由主义用来攻击累进税的武器。许多自由主义者及其他信奉自由市场的保守主义者一直认为，这些有违道德原则的政策缺乏合法性。但是，对于道德问题和严格意义上的实用主义问题这两者来说，它们之间的区分往往并不像许多人想象的那么泾渭分明。

洪水过后，幸存者的社会

罗纳德·科斯的理论为我们解决公共物品问题开辟了一条创造性的新途径。在任何阶级制度中，等级（或者说排位）都是一个相互性的概念，等级和外部性也都是科斯理论的核心概念。因此，在任何群体中，对高排位的追逐都会造成“位置外部性”。如果有人渴望占据高排位，那么其他人就必须占据低排位，也就是说在同一个群体中，如果没有人占据低排位，就不会有人占据高排位。我们将会发现，这些简单的分析中孕育着有关累进税自由主义论的种子。

在简要概括这个理论的基本框架之前，我们不妨从一个充满自由主义情感的思维练习开始。

假设一场巨大的洪水摧毁了所有社会，你和其他 999 个人搭乘一艘“诺亚方舟”侥幸生还。你的任务就是和其他人组建一个新的社会。如果其他人建立的社会会侵害你的利益，你不必加入他们的社会；但是，假如其他人不喜欢你组建的社会，你不能强迫他们加入。总之，在这个练习中，是否加入某个新组建的社会完全取决于各人的意愿。

在开始的时候，每个新组建的社会都有资格在洪水后剩下的土地和其他财产中按比例分得一部分。例如，如果你和其他 99 个人共同建立一个独立的社会，而这个社会拥有全世界 10% 的人口，因此你们可以在现有土地和其他财产中拥有 10% 的份额。但是在每一个社会里，并非所有财产的初始分配都是公平的。因此，组建一个社会的任务之一，就是针对这个社会的财产分配方式达成一致。

假设天赋和性格是完全可观察的属性。一旦你和其他人共同组建一个社会，你就可以在自己的努力和能力允许范围内获得财产，但无论如何，你还要遵守本社会已同意采纳的税法及其规范。

我们稍加思考就会发现，所有重要成果都依赖于同意与你共建社会者的身份和能力。例如，如果你的社会中的大多数人属于高效者，那么，你的社会就能比由低效成员组成的社会买到更多、更好的公共物品。但是，如果你的大多数成员都比你自己更高效，这就会给你带来麻烦。

比如说，假设你和大多数成员都想拥有一所观景房。遗憾的是，并非所有住宅都能观景，而且你的社会很有可能采取市场机制的方式进行土地及其他财产的分配，几乎可以肯定的是，这个社会中最低效的成员将买不起观景房。

是否拥有观景房根本就没有意义。你肯定关心能否把自己的孩子送到好学校，让他们能接受到更好的教育。不过，一个学校的好坏在本质上同样是一个相对性概念，它只是相对于类似环境下的其他学校而言。

在任何一个国家，最好的学校往往都服务于最有能力承担高教育成本的社区。这是因为，某些国家的财产税是学校预算资金的主要来源之一。即使是所有学校的单位学生开支完全一致，最好的学校也往往设在最富裕的社区。原因之一在于，学校质量的一个主要指标就是学生的质量，而对于大多数成功家庭的孩子来说，他们往往在入学前和入学后的教育上都有明显优势。即使教学预算与其他学校相同，接收这些孩子的学校同样可以为他们提供更好的学习环境。

不管你选择加入哪个社会，只要你认为孩子的教育问题很重要，那么你就需要在好社区买一套房子。如果我们再次假设大多数社会把自由市场经济作为基本分配制度，而且在你选择加入的社会里，大多数人都比你更高效，那么你把孩子送到相对较好学校的可能性就会大为减小。

最终的结果是，**在你选择加入哪个社会时，必须考虑自己在效率上与其他人的相对排位**。最好的结果就是选择一个最有效的社会，而且你又是其中最有效的成员，你不仅可以享受这个社会所拥有的绝对财富，还可以在这个社会中享有相对财富。但对于大多数人来说，根本就不可能找到这样的方案。在任何一个社会里，随着其他大多数人平均效率的提高，你在这个社会中的排名会不断下降。反之，你在某个社会中的排名会随着其他大多数成员平均效率的下降而提高。

因此，生活在一个平均效率较高的社会里，你可以享受整个社会拥有的绝对优势，但你在社会内部的收入排序中同样会相对较低。前者带来的绝对优势会与后者的相对优势部分抵消。如果其他条件完全一致的话，大多数人更愿意占据社会高排位。如果可以免费获得社会高排位，任何人都会选择占据社会高排位。但是，在任何一个社会里，每个人都拥有较高排位在数学上是不可能的。于是，问题就演变成，为什么要加入一个让自己处于低社会排序的社会呢？

如果人们一定要避免处于低排位，那么他们就可以选择与自己效率相近的人单独组建一个社会。最有能力的人可以组建一个社会，能力稍低的人组建另一个社会，以此类推，能力相近的人组建一个社会。在这些社会中，尽管任何人都不会有低排位，但这个方案可能会错过某些互惠性交换。例如，在一个由最有能力者组建的社会中，谁应该负责清扫大街呢？在一个由能力最低者组建的社会中，谁应该负责脑部外科手术呢？

即使不考虑这种现实因素的制约，纯粹意义上的排位也会排除交换带来的另一种潜在收益，即：在部分人比其他人更关心排位时，可以交换排位，进而让整个群体受益。如果高排位对某些成员所具有的价值超过其他人因低排序而承担的成本，就可以由不同能力的成员构建一个社会。而且与具有相近能力的成员构成的另一个独立社会相比，在不同能力组成的社会内，所有成员的福利都将得到改善。

交换排位，1+1 ＞ 2

我们假设，如果允许兰德保留其全部劳动成果，他每周可以获得1万美元。在相同条件下，保罗则每周只能获得5 000美元。我们再假设，每个人都愿意拿出个人全部收入的30%，在社会中获得一个高排位，只有拥有社会高排位，他们才能购买一座观景房，或是把孩子送到好学校上学。还可以假设，每个人都愿意在接受相当于收入30%的补偿时，主动接受社会较低排位。

兰德可以选择生活在一个每周能获得7 000美元收入并享有较高排位的社会里，也可以选择生活在另一个每周可获得13 000美元收入但却只能拥有较低排位的社会里。在这两种情况下，他所体验到的满足程度完全相同。在后一种情况下，尽管买不起观景房，但兰德可以用额外3 000美元的收入购买其他对自己有吸引力的东西。

对保罗来说，生活在一个每周可获得6 500美元并占据较低排位的社会里，与生活在另一个所有其他人都只能赚得5 000美元的社会里，得到的满足程度是完全相同的。

在上述情况下，兰德与保罗两人合作的结果均优于和其能力相近者构建一个社会。如果两个人组成一个社会，他们每周的总收益为15 000美元。如果兰德占有全部收益中的8 000美元，保罗拥有剩余的7 000美元，相对于与能力相近者组成一个社会并按各自产量获得收益的情况，兰德每周可以享有1 000美元的经济剩余，而保罗每周得到的经济剩余则是500美元。

如果兰德根本不在乎较高排位，最有利于他的结果就是加入由效率更高者组建的社会，而且其他人都比兰德更关心社会排位。他在这个社会中具有重要意义，他占据了低排位，把高排位留给其他成员，因此，他应当获得相应的补偿。

在一个以保护自由意识免受强迫为目的而构建的环境里，构建的自愿型社会都必须体现出累进型所得税的特征。在上述例子中，累进税的程度应取决于人们为获得高排位而愿意支付的成本，以及其他人甘愿接受低排位而希望得到的补偿。这属于实证性问题，我们将在下文中予以深入探讨。我们在当下需要认清的是，任何自由主义者都没有理由抱怨这种税收体系。问题的关键在于，如果不采取累进税，结果是造就一个贫富差距悬殊的社会。这对所有人来说都是一个没有吸引力的安排。

在这个思维练习中，实行累进税的理由并没有明确顾及公平和公正等道德因素。相反，一个社会的税收结构，都是该社会中所有独立自由个体之间进行自利性交易的直接产物。

假如我们认同高排位在等级社会中有价值，我们同样应该认可，上述思维练习对累进税的解释和针对公平与公正的传统认识完全兼容。某些人之所以能占据社会高排位，唯一的前提就是其他人甘愿接受社会低排位。在一个不实行累进税的社会中，如果社会成员在能力上参差不齐，高排位成员就可以承担少量成本情况下占据较多的有价值的资产。除非部分成员甘愿承担低排位所带来的成本，从而把高排位留给其他人，否则这些资产的价值就不可能存在。如果某些人可以在不承担任何成本的前提下享受收益，而让其他人在没有任何补偿的前提下承担这些成本，这就是一种不公正、不公平的安排。

位子决定票子

上述思维练习过于简单，且不够真实。如果我们细细体味就会发现，它和我们周边的竞争性劳动力市场有异曲同工之处。在美国及其他大多数发达国家，任何人都不会因为受到强迫而违心地为一家公司工作。此外，我们还有足够的理由假设，在劳动力市场上，大多数人更希望比其他同事拥有较高的排位，而不是低排位。通过这两个假设，我们可以推断出一个清晰的预测：对于一组能力参差不齐的工人，如果收益不能由高效员工向低效员工转移，他们就不可能组成一个工作团队，即使组成，也不可能长久地维持下去。这背后的根本原因完全等同于上述思维练习讨论的机制。

为检验这个预测，我们可以对比一下工作团队内部的薪酬状况与传统劳动力市场理论对应的薪酬状况。按照后者，排位不影响员工的收入，他们的收入等于他们创造的市场价值。在现实的市场中，工资收入确实会随着劳动效率的提高而上涨,但同步性并不显著。例如,在一个农场里，在相同时间内，最高效的木匠创造的价值是最低效木匠所创造价值的两倍，但他的收入很少比后者高出30%。

通常情况下，在一个工作团队内部，实际工资分布情况远比个人生产率的相应分布集中得多。我们考虑一下所在机构的某个部门，当全体成员均从事类似工作时会怎样。例如，如果你是一家大公司的低层职员，你可以看看其他相近级别职员的收入。你可以假设两种情况，一种情况是包括你在内的两个最高效的员工离职；另一种情况是，假设三名工作效率最低的员工离职。在这两组人当中，哪一组的离职造成的价值损失更大呢？毫无疑问，大多数人会不假思索地回答，失去两名优秀员工的损失更大。

如果是这样的话，古典劳动力市场理论会认为，两名高效员工的薪酬总和应高于三名低效员工的薪酬总和。但现实中常见的情况却与此相反：在一个从事类似任务的团队中，任何三个工人的薪酬总和都要远远高于任何两个人的薪酬总和。简而言之，在一个任务类似的团队中，最高效员工的收入要低于其创造的价值，而最低效员工的薪水则高于他们所创造的价值。

任何一个工作机构内部都隐含着一个针对高排位的市场交易机制。如果这种说法正确的话，它就可以用最简单的方式解答始终让我们纠结的难题：在一个组织中，收入明显偏低的高效成员为什么不会马上被对手挖走呢？尽管他们目前的收入水平低于古典模型预测的水平，但他们可以得到别的对他们同样具有价值的东西。他们愿意留下来这个事实足以表明，他们在这个组织中所享有的高排位足以弥补工资收入上的损失。

按同样的道理，尽管低效成员会觉得，身处低排位的位置很不舒服，而他们继续留下来则表明，高工资足以弥补这个让他们难堪的事实。

因此，决定每个组织内工资收入分配的私人劳动力市场，在本质上都相当于一种累进税机制。由于劳动力合同是按照法律自愿签订的，因此，自由主义者认为这些转移违反法律的说法实在令人费解。

大学教授年薪中的“隐含价格”

这种由高排位员工向低排位员工的隐性收入转移到底有多大呢？或者换一种说法，最高效员工贡献的价值比他得到的工资高出多少呢？生产是极为复杂的团队活动，个人在生产效率上的差异往往极其难以测度。但是，我们可以为个人对雇主利润的贡献程度差异设置合理的边界。

我在大学里的亲身经历，或许可以说明如何在具体情况下处理这个问题。大学教师的两项主要任务是教学与科研。在这两个领域内，教师的贡献度都是极其复杂的，而且是多方面的。即使如此，针对雇主的最低要求，环境允许我们针对不同效率的雇员设置合理的贡献范围，以此在总目标明确的前提下，对个人贡献进行比较。

例如，尽管衡量科研活动的总效率极端困难，但可以通过资金数量进行简单的量化，即科研人员从大学以外其他机构获得的拨款或资金支持。当一名学校教员从政府机构或私人基金会取得拨款时，这笔资金通常分成两部分：直接成本和间接成本。在预算中，直接成本用于购置实验室设备、材料以及被赞助项目相关的其他各项直接开销。间接成本部分则用于维护学校基础设施（如图书馆、公用设施、IT 网络等），支付行政管理及其他辅助性人员的工资，清理雨雪等日常性工作。

间接成本占比在批准的预算中事先确定，且基本不变。因此，即使是教授从外部获得拨款，也不会导致大学校长的工资、图书馆费用、清理雨雪费用或是其他管理费用随之上涨。如果一所大学聘请了一位拥有大量科研经费拨款的教授，他每年向学校上交的平均间接成本为 100 万美元，那么，这所学校年度经费预算的增加额就是 100 万美元。或者说，这所大学的预算盈余当年增加了 100 万美元。

高质量教师在劳动力市场上极为稀缺，因此对于那些能持续为学校贡献间接成本的教师，各大学之间必然展开激烈竞争。按照传统理论，在竞争性的劳动力市场中不考虑排位因素，因此这种贡献的数量将完全等于教员工资的数量。按这样的模型可以预测，对于一位每年都能为学校贡献 100 万美元间接成本的教师，他的工资就应该比其他条件相同但未贡献间接成本的教员高出 100 万美元。例如，如果一所大学希望招聘到能给学校带来 100 万美元经费的教师，且提供的工资低于 100 万美元，那么，这份工资对他来说并没有更大的吸引力。

如果单纯看数字，工资与生产效率之间永远都不是一一对等的。例如，康奈尔大学的科学系，教师在长期内每贡献 1 美元间接成本，他的工资仅增长 0.09 美元。

如果对间接成本贡献最多的教师在其他方面落后于同事，那么，他的工资与间接成本贡献度就没有多大关系。这就是说，拿到最多经费的人未必在其工资中体现出这种贡献，或者因为他们在其他方面（如教学）为学校做出的贡献不大。这样的理由完全是可行的，因为只有教学与科研成果才最能说明一个教师在有限的时间和精力范围内取得的成绩。

但有证据表明，能申请到最多经费的人，在其他重要指标上的表现也往往优于其他同事。例如，科研经费的获得在很大程度上依赖于科研人员的学术成就和声誉，因此那些能拿到最多科研经费的人，在其他方面为学校声誉做出的贡献往往也会多于其他人。此外，一位教师科研效率越高，他的教学效率往往也越高。最终的结果是，间接成本贡献的差异几乎注定会弱化总效率方面的差异。对于不同教师在间接成本贡献的差异，只有很小一部分反映到他们的工资上。

在所有适于采用数据比较的行业里，对任何部门中最有效的员工，他们所得到的工资都远远低于他们为这个部门贡献的价值，而对于效率最低的员工，其工资水平明显高于他们所创造的价值。其他因素也会加剧这种非对称性。即使可以排除这些因素，依旧存在严重的工资压缩效应（Wage Compression，指有意缩小不同效率员工的薪资差别程度。——译者注）。这恰恰与我们的预测相吻合：当人们认为工作单位中的排位具有显著的价值时，就会出现这种情况。

如果没有人接受低排序，这种相对性的排位概念就可能不存在，因此要获得高排位就必须承担较高的隐性价格。实际上，每个雇主都会设置一套隐性的收入分配机制，对其团队中效率较高的成员“征税”，并转移给效率较低的成员。

在一个平均生产效率相对较低的团队中，那些极端看重高排位且效率较高的人更有可能接受隐性工资折价。反之，在一个平均生产效率较高的团队中，那些不看重高排位的人则更倾向于低排位，因为他们可以获得隐性工资溢价。而对于排位持中间态度的人来说，最好选择一个拥有平均生产效率中等的团队中占据中等排位，他们的收入基本接近于他们所创造的价值。

因此，对团队的高排位设置一个隐性机制，其职能类似于针对安全性和自主性等工作特征设置的隐性机制。特别重视安全性的人倾向于选择更安全的工作，并甘愿承担隐性工资折价以弥补额外安全措施的成本。与此类似的是，看重自主性的人则倾向于选择更大自由度的工作，并接受由此带来的隐性工资折价。同样，看重高排位的人往往会选择能提供高排位的工作，并甘愿承受不菲的隐性工资折价。

与其他重要工作特征一样，针对高排位形成的隐性机制，其运行方式同样是企业和员工所无法认知的。“征税”和“转移”并不需要当事人进行艰难有交易成本高昂的讨价还价。公司先公开自己的薪资规划，员工按其选择最适合自己的工作。作为罕见的案例之一，针对团队内高排位形成的隐性机制表明，交易成本并不妨碍人们通过有效的方式独立解决位置外部性问题。

朋友决定你的薪水

社会等级不只存在于工作团队，人们也关心自己的收入与工作团队以外其他人的收入相对比较情况。例如，一项研究表明，对于一对赋闲在家的已婚姐妹，如果妹妹的丈夫的收入远远高于自己丈夫的收入，姐姐外出求职的可能性就会比妹妹高出 16% ~ 25%。邻居的收入与朋友的收入都很重要。实际上，其他人的消费标准往往是自身消费标准的参照依据，因此在一个群体内，每个人的收入都是相关的。

在工作团队内，针对高排位的隐性机制根本无助于我们解决工作团队之外的位置外部性问题。相反，对于那些在团队内占据高排位的成员，这个机制实际上让他们面对的外部性问题愈加恶化，让他们不得不放弃原本属于自己的很大一部分利益。

对任何人来说遗憾的是，对于位置外部性问题，在陌生群体内通过讨价还价寻找解决方案注定比在熟悉群体（如工作团队）内困难得多。而且在实践中也不需要通过讨价还价达成更复杂的契约，对团队内的外部性做出补偿。实际上，企业只需公布针对生产效率差异相对压缩的薪资规划，然后允许工人选择最适合自己的薪酬组合。相比之下，在与团队以外的人进行类似薪酬协议的谈判时，不仅要复杂且困难得多，而且成本也会高得令人无法承受。

在任何负外部性问题上，罗纳德·科斯都是自由主义者的教父级权威人物。按照科斯的核心思想，他并不认同政府在限制负外部性的行为方面一无是处。他认为，在交易成本导致人们无法通过讨价还价独立解决负外部性问题时，政府应制定相应法律明确产权，鼓励人们采取类似于通过讨价还价达成契约。

财富由富人向穷人转移的税收体系就体现了政府类似的意愿。这种税收体系模拟了人们在所有私人劳动力契约中都能看到的隐性收入转移，通过这种转移反映社会等级中不同层级的成本和收益。因此这种税收体系更有利于实现社会的多样性和稳定性。

高排位＝高代价

描述上述思维练习的每一个细节时，我都试图构建一种极端温和包容的环境，即使是极端自由主义者，也不会感受到丝毫伤害。比如说，某人骑摩托车时不喜欢戴头盔，那么他不会主动加入一个剥夺这种权利的社会，也不会被动加入一个对这种权利征税的社会。

这个练习的结论是，自由主义者找不到任何理由，拒绝加入一个对富人征税并转移给穷人的社会。如果他们非常在意社会高排位，那么，他们就会同意对高排位征税。反之，如果对社会高排位不以为然，他们就会选择一个低等级的社会，进而规避了高税收，自己获得更大的利益。

许多富人可能会认为，在一个社会中享有高排位是他们理所应当的权利。如果交易成本接近于零，以至于可以无障碍地构建或解散社会，那么他们就不能享受这种权利。要获得这种权利，他们必须支付一定的成本进行讨价还价。团队内为获得高排位而进行的讨价还价过程足以说明，要取得高排位就必须付出高昂的代价。

富人也希望按1份排骨的价钱买到3份排骨，这并不是说他有这么做的权利。同样，这个富人不付出任何代价就能在社会中获得一个高排位，但这同样不是他的特定权利。

达尔文或许有更好的答案

从人类社会起源开始，治理市场失灵就一直是人类关注的焦点，只不过通常在隐性状态下进行。不幸的是，由于受到政治光谱（Political Spectrum，通过把不同政治立场放置在一个或更多几何坐标上，以形象化地对其进行对比的方式。——译者注）两个极端的误导性思想影响，许多治理市场失灵的措施被迫妥协。

自由主义者认为市场失灵主要源于强势的经济精英的剥削，因此主张以传统的管制措施治理市场失灵。右派势力处于另一个极端，他们对此嗤之以鼻，信奉市场本身具有高度竞争性，并主张亚当·斯密的“看不见的手”可以取代一切管制行为。但是，尽管现实中的市场确实极富竞争性，但保守派对“看不见的手”的信仰却有些过头了。

正如达尔文所阐述的那样，尽管自然界中不受约束的个体竞争并不总是有利于集体利益，但这一事实与垄断剥削没有任何关系，它只是个体利益与集体利益尖锐对立的一个简单结果。

非人类物种对此无能为力，尽管人类已通过进化获得出色的沟通能力，但依旧好不到哪里。自进入工业社会以来，人类社会在这个问题上已经取得了巨大进步。新的制度安排缓和了个体利益与集体利益之间的冲突，进而带来物质财富的爆炸性增长。

不过，更有价值的机会依旧等待着人类发掘。前面提到的观念“这是你们自己的钱”，还始终主宰着当前政坛的基调。从这样的观念出发，我们根本就不可能去讨论所谓的税收与消费政策改革。没有这样的改革，就谈不上更多地造福于全人类。在本章里，我一直在解释，对分配问题的误解始终阻碍着我们抓住这些机会。

令人感到不安的是，各个对立派系在分配问题上的争论，只是像救世主一样热情地颂扬着各自的立场而已。正像我们所看到的那样，如果我们能从其他视角认识这个问题，前途更加光明。对资源进行更平等的分配不仅体现于抽象的道德标准，还有实际的共同利益。在第 9 章里，我们将会看到，在成功与价值的关系这个问题上，只要我们能撇弃毫无根据的观点，就可能取得更大的进步。当前的制度安排效率极低，但也蕴含着极大的改进空间，这让我们对未来有了更多的期待。

第9章

运　气

盖茨不会告诉你的秘密

Success and Luck

IBM 一度行将关闭，大胆起用“IT 门外汉”郭士纳，最终成功复兴；

盖茨带领微软闪电崛起路上，如何赢得“关键先生”青睐？

老布什如何从一个十足的富家公子哥，成长为美国总统？

“甲壳虫”乐队风光无限，多少人了解其成功路上的泪水与汗水？

人们经常提到感性大脑和理性大脑，仿佛我们的身体里确实存在着两个彼此不相干的人，一个受制于理性，另一个受制于感性。但神经学家则强调，我们大脑中的感性通道和认知通道绝大部分是相互依赖、相互贯通的。

在特殊的环境中，即使缺少有效的认知过程，依旧会产生强烈的感性反应。例如，人看到蛇形事物时，能在蛇形影像被传达到大脑认知器官之前激发出恐惧感。但更常见的情况是，我们的感性反应还是严格依赖于对外界事物的勾勒和认可。

比如说，我们判断某个人的行为是否会引起众怒，首先需要了解它发生的背景以及适用于这种行为规范的背景。在类似条件下，我们对事物的感性反应通常是可以校正的。误导性的感性反应也比较常见，尤其是在陌生文化背景下。

在法国，学校的“警告”为什么不值得生气？

在巴黎生活期间，我和家人遇到的一件事情便生动地说明了这一点。当时，我的小儿子海登在一所法语学校读小学五年级。一天下午，他回到家，愤愤不平地告诉我，他因为一件与自己无关的事情被学校警告，这是学校对违纪学生发出的通报处分。学校体育队教练认为场上有一名学生对他出言不逊，但他并不知道是谁，于是他处分了在附近的学生，而海登就在其中。

海登坚持认为自己从未对这位教练说过这样的话，他希望我向学校提出召开听证会，为他挽回清白。我向一些朋友请教了这件事，他们告诉我学校根本不可能展开这样的调查。我还知道，一个学期内受到一两次警告不会带来任何后果。

于是，我不得不向海登解释，在法国的教育体系中，公平的概念与美国不同。在法国，没有机构愿意投入大量人力物力调查一个违规事件，相反，他们采取另一种方法，可以达到同样效果。我告诉海登，即使是事无巨细的调查也有可能带来错误的结论。此外，对于曾在一个学年里累计被警告过四次的学生，在随后学年中没有被警告一次的可能性也极为微小。让我感到不可思议的是，在转换看问题的角度后，海登的愤慨在突然间便烟消云散。

我们看待税收问题的认知模式，与海登在这个问题上产生的感性反应极其类似。如果我们把征税看作某些陌生人掠夺本属于我们合法拥有的东西，那么我们几乎不可能毫无怨言。我们还可以换个视角看待税收，例如，我们在第 8 章里讨论过，在平均收入水平较高的现代工业化国家，如果没有由税收提供的收入，就不可能进行大规模的公共投资。在现实面前，理性有时黯然失色。当我们认识到这一点的时候，我们对税收的抱怨认知模式变得微不足道。

在为税收正名的立法者当中，也有人认为，他们自己也被过度征税。很自然，这种感受更多地体现在税前高收入者身上，因为他们缴纳的税款明显多于他人。

尽管平民主义者一直抱怨现行税法给富人留出无数漏洞，为他们偷税漏税提供了不计其数的可乘之机，但美国的高收入者依旧是纳税的主力军。2007 年，收入前 10% 人群缴纳的税款占联邦全部所得税的比例超过 40%。

选择比努力更重要

1988 年，德州已故前州长安·理查兹在民主党全国代表大会上发布的主题演说中，将老布什描述成一个“出生即住在别墅里，却以建造别墅者自居”的人。家庭背景在他事业中发挥了不可忽略的影响，布什先生自己也不得不承认，好运气一直在向他招手微笑。不过，那些靠自身努力取得成功的人，往往更符合理查兹这句话的评价。因为他们知道自己的成功之路有多艰难，更知道奋斗有多困苦。他们为成功所付出的每一次牺牲都历历在目。与大多数富家子弟相比，他们很有可能感觉不到好运气对他们成功的重要意义。

如果人们总是忽略好运气在他们走向成功过程中发挥的作用，那么他们自然也总会忽略坏运气在他们走向失败过程中发挥的作用。在某些情况下，人们之所以会沦落到申请破产，只是因为他们不够勤奋努力，不够勤俭节约。在美国，更多的破产则是发生在当事人身患重病、失业并且失去健康保险的时候。

大多数社会舆论在谈及贫困问题时却很少涉及这类因素。例如，在田纳西大学法学教授格伦·雷诺兹（Glenn Reynolds）主办的著名博客“Instapundit”中，一位博友发布了这条评论：

> 造成“贫富差距”的原因：聪明的人总是在做聪明且赚钱的事情，愚蠢的人则总是在做愚蠢且赚不到钱的事情。
>
> 有些人游手好闲，中途辍学，然后又把自己变成瘾君子，喜欢购买自己根本就付不起钱的高档汽车和房子。有些人接受了高等教育，而且远离毒品，有明确的目标而且能全力以赴追求，把自己的劳动所得变成积蓄并进行明智的投资。后者的未来注

定要好于前者，而且前者的唯一命运就是失败。

我们并没有什么富裕和贫困之差，而只有聪明和愚蠢之别。

即使是在颇受关注的“Instapundit”博客网站上，这条评论也是当日最佳评论。

和其他人相比，那些勤奋工作、持之以恒的人当然更有可能取得成功。但是，经济学家们已经越来越深刻地意识到，成功对变幻莫测的机会的依赖性远比人们想象的多得多，或者说对于成功而言，机会选择比努力更重要。同样，经济上的成功与失败也不例外。

本书的核心观点之一就是：作为个体，我们经常面对各种各样的诱惑，导致我们有意或无意地损害社会共同利益，而要削弱这种诱惑，税收工具显然比直接管制更有效，且干扰性较低。在美国，提倡新税制在政治上是不敢想象的，其中的很大一部分原因在于，在社会主流认知模式中，税收就是对个人自由的侵犯。只有用一种全新的认知模式取代当前的主流认知模式，那么才有可能对税收政策实施全面而深刻的审视和改造，这才恰恰是美国人迫切需要做的事情。

尝试重构认知模式的这场争论的进展最多只能称得上缓慢，且美国当前税制结构在深层次上存在极大浪费，因此，绝对有必要重构认知模式。而在这个过程中，第一步就是深刻审视成功和运气之间的关系。

对于经济上的成功而言，天赋与勤奋既不是必要条件，也不是充分条件，这似乎和许多父母对孩子的教诲背道而驰。当然，大多数成功人士不仅拥有出类拔萃的天赋，而且极其勤奋刻苦。但还是有一些并不具备这两种秉性的人依旧能取得令人称叹的成就。还记得真人秀节目的参加者吗？还记得男孩乐队中的对口型假唱者吗？还记得把客户退休金投资于买进次级证券，并信誓旦旦地声称可以在市场崩盘前抛出的基金经理吗？

但我们看到的更多现实是，许多才华横溢而且异常勤奋的人到头来却只能拿着一般的收入。在每个暴发户背后，都会有几千个平庸无为者。而在暴发户的行列中，不乏天才、野心家和勤奋者，但更多的是幸运者。

苦练1万小时，成就“甲壳虫”乐队

作为微软创始人之一，比尔·盖茨许多年以来一直是世界首富，而且始终是全球最富有的三个人之一。1955年，盖茨出生于西雅图一个富足的家庭，读的是私立学校，在13岁的时候便开始编写计算机程序。他在西雅图读高中时拥有一家计算机俱乐部，这在当时绝对是罕见的事情，此外，盖茨还有大量机会可以使用华盛顿大学的计算机实验室。

这样的背景，再加上他的智力、野心和勤奋钻研的精神，使得盖茨能和高中时的朋友兼哈佛大学同学保罗·艾伦创办一家软件公司。尽管在我们听说“微软”这个名字之前，它已是一家有稳定收入的公司，但是当两个创始人在1976年将公司更名为“微软”的时候，肯定还想不到他们的未来会有多么辉煌。

实际上，一系列偶然和必然的事件为微软通向巅峰铺平了道路，而这条光明大道的起点则始于IBM，该公司当时准备推出个人计算机，于是他们找到微软商讨个人计算机的操作系统问题。伦纳德·曼罗迪诺（Leonard Mlodinow）在1990年出版的一本书中讲述了这个故事：

成就微软的“机会人物”

开始时，盖茨曾告诉IBM，微软不会接受这个项目。他还建议IBM可以联系加里·基尔代尔，他的数据研发公司已开发出CP/M个人计算机操作系统。

但数据研发公司主管基尔代尔的妻子却不愿意签署IBM要求的保密协议，因此，双方的谈判不欢而散。于是，IBM的杰克·萨姆斯（Jack Sams）再次找到盖茨，看是否还有可能合作。萨姆斯和盖茨都知道，还有一种操作系统或许符合IBM的要求，这就是“QDOS”，即“快速但卑鄙的操作系统”，它是西雅图电脑产品公司（Seattle Computer Products）的蒂姆·帕特森以基尔代尔的“CP/M”手册为基础在6周之前刚刚设计的。

盖茨后来向萨姆斯提出了一个最关键的问题。事实证明，这是一个价值连城的问题：“你是想得到QDOS，还是想让我……”

萨姆斯似乎并没有领会这个问题的含义，据说他是这样回答的：“不管怎么说，听你的。”

之后，为了满足IBM对操作系统的要求，盖茨通过谈判以5万美元价格从帕特森手里购得QDOS操作系统，在经过适当修改之后，将该系统更名为“MS-DOS”，意为“微软磁盘操作系统”。但盖茨最大的好运才刚刚开始，对个人计算机已经丧失成功信心的IBM同意由微软保留操作系统的所有权，这样，微软就可以对每一份操作系统拷贝收取特许权使用费。正是这一步棋，让微软从此走上了发展的快车道。

在这一连串事件中，如果缺少其中一个或是几个事件，比尔·盖茨注定不可能有今天的辉煌。譬如说，盖茨的高中学校没有计算机俱乐部，假如基尔代尔的妻子同意签署IBM的保密协议，如果帕特森在与微软谈判时想得更多一点。

值得称道的是，盖茨的家庭似乎完全意识到自己有多么幸运。后来曾有人问过盖茨本人，在那个时候，有多少人在进入大学之前有他这样的背景时，盖茨回答，“如果有人说是50个，我都会感到惊讶。我在很小的年纪就已经对软件开发有了许多了解，在那个时代，我相信没有几个人能在这么小的时候做到这一点，而所有这一切都源于一连串难以置信的好运气”。最近几年，盖茨及其妻子已陆续向“梅琳达－盖茨基金会”捐赠了超过300亿美元，该基金会的宗旨在于消除全世界人类的苦难。而盖茨的父亲，老比尔·盖茨很早就开始猛烈抨击取消遗产税的提议。

比尔·盖茨的成功离不开一连串的机会，回头再看，每一个机会的重要性似乎都显而易见。但是还有其他许多成功的故事，其所依赖的偶然事件似乎就不那么重要了，有的事件听起来似乎有点牵强。下面，我们再来看看运气对职业运动员在成功过程中的作用。

为什么优秀运动员大多是第 1 季度出生的?

马尔科姆·格拉德威尔（Malcolm Gladwell）曾指出，在全世界超级冰球职业联赛中，约有 40% 的选手出生在 1 月份、2 月份或 3 月份，而只有 10% 的人出生在 10 月份、11 月份或 12 月份。他认为，造成这种令人费解的不对称性的原因在于，几乎在任何一个地区，青少年职业冰球选手登记注册年龄时，按生日通常截止于每年的 1 月 1 日。

因此，在每个年龄段上，这一年中出生较早的运动员都是年龄较大的成员，与出生在最后几个月的同龄选手相比，他们的身材可能更高大健壮，速度更快，而且更有经验。由于他们更有可能在每个年龄段上有优异表现，因此在同一个年龄段内，更有可能被优先选入主力阵容和全明星球队。当然，他们也更有可能进入设施更优越、执教水平更高的球队，因而也更有可能得到运动奖学金等方面的惠顾。

格拉德威尔的观点并不是说，即使是出生在 1 月份的小矮子也能成长为职业棒球联盟的大明星。他想说的是，即使是出生时间这样一个再简单不过的事件都有可能改变一个人成功的几率。

当然，勤奋和技能并不一定能保证成功，并不会阻止成功者把他们的成功归功于勤奋和技能。因为大多数成功者不仅具有超常的天赋，还有极端勤勉的精神。如果没有这两种秉性的话，他们成功的概率肯定会大为减少，因此，他们自己讲述的故事自然不乏吸引力。

但是，为什么某些人生来就比其他人拥有更出色的技能呢？为什么某些人会比其他人更勤奋呢？细细看来，我们就会清楚地发现，即使是拥有这两种品质也在很大程度取决于运气。

环境和遗传因素对个人秉性的决定程度到底有多大，一直是人们争论不休的问题。但不管它们占有多大比重，把这两个因素结合到一起确实可以解释许多现象。有些人更聪明，或是因为他们在出生时已拥有让自己更聪明的基因，或是因为他们在成长过程中拥有更好的营养或启迪环境，从而有助于他们的智力开发，或是因为另一个几乎可以肯定的因素：两者兼而有之。

这同样适用于解释为什么某些人拥有超强的能力和勤勉的精神。这种品质或许部分源于基因，还有一部分则源于生长环境。但不管两者对这种品质的贡献程度到底有多大，有一点显然是毋庸置疑的，那就是拥有这种品质的人注定会在自己的人生中拥有明显的优势。

那些生来就拥有良好基因及优越成长环境的人，凭什么就能坐拥超常的天赋和勤勉精神呢？原因很简单，就是因为他们很幸运。尽管拥有这些品质并不一定能带来成功，但他们成功的概率注定要远远超过那些缺乏天赋和优越成长环境的人。

同样，成功和运气之间的紧密关系远远要超过许多人的想象，但这并不否认，勤奋努力肯定会让你更有可能成功。而且，勤奋本身就意味着付出，它绝不是一种轻松的体验。有个故事讲到，一个人在鸡尾酒会上遇见一位著名小提琴家，他说："如果能成为像你这样优秀的小提琴家，我什么都愿意做。"小提琴家问他："你愿意每天拉 8 个小时小提琴吗？"

著名专业咨询师、心理学家安德斯·埃里克森（K. Anders Ericsson）曾估计，在许多技能领域，要成为一位名副其实的专家至少需要 1 万小时的练习。这么长的时间显然已经不能再用折磨和无聊来形容。例如，"甲壳虫"乐队在英国一夜成名之前，他们已经在德国汉堡埋头苦练了 1 万多个小时。正像许多描述他们的传记中提到的，他们很享受在德国苦练的那段时光。在青少年时期，比尔·盖茨就已经把 1 万多个小时花费在编程上，而且每 1 个小时都是全神贯注而且快乐的 1 个小时。

我们更经常看到的却是，在这成为成功奠基石的 1 万个小时当中，有许多时间用在其他方面或许会带来更多快乐。正如埃里克森及其同事所提到的那样，实际上，真正有效的练习时间却痛苦异常：

> 要培养真正的技能，你需要的是一种极其特别的练习，它需要极强的目的性和针对性。大多数人在练习时，关注的实际上都是已经知道该怎么做的事情。而针对性练习则完全不同，它需要以细致入微、明确具体和持之以恒的努力完成某种自己尚不能熟练掌握，甚至根本不知道该怎么做的事情。
>
> 诸多领域的研究显示，只有不断磨炼不熟悉或不能做的事情，你才能把自己培养成你希望成为的专家。

总之，要真正熟练掌握某种技能绝非易事，这需要投入巨大的耐心和决心。在唤起和坚定这种决心的时候，决不能认为勤奋刻苦的努力毫无用处，这一切都是上天注定的。如果这样想的话，你会不由自主地懒散懈怠，让运气左右自己的未来。相反，有些人会经常告诫自己，“有追求的人应该勤奋刻苦，我就是一个有追求的人”，这就更有可能唤醒持之以恒的毅力，知难而进。

我们之所以经常夸大这些品质对成功的贡献度，或许只是一种有益的心理暗示。但这种心理暗示的效用注定不会改变这样一个事实：拥有天赋和勤勉精神的人始终是最幸运的人。

市场永远是赢家的舞台

天才与勤奋之间的关系有助于解释某些人为什么会比其他人赚得多。但这个问题还有另一个方面，也就是说劳动力市场把这种差异转化为税前收入差异的方式。在教科书中的竞争性劳动力市场模型中，工人的收入取决于他们为雇主创造的利润。按照这个模型的描述，我们似乎可以更完美地解释收入如何随业绩的变化而变化。

一家制作砖块的公司，当一个工人每小时制作101块砖时，他的收入就应该高于一个每小时只制作100块砖的工人。但是，就像经济学家菲利普·库克曾在1995年与我合著的书中所指出的那样，在许多劳动力市场上，工资和生产效率之间的关系并不遵守这样的规律。

最明显的一个例子就是企业高管的市场。1980年，美国顶级公司CEO的收入为普通工人的42倍，但是到了2001年，他们的收入已经超过普通工人的500倍，但我们却找不到任何证据说明，CEO们比以前更聪明，或是更勤奋。造成这种收入爆炸式增长的因素在其他高端劳动力市场同样可以找到，因此详细剖析这些因素可以给我们带来一些启示。此外,更深入观察这些市场还可以帮助我们对照亚当·斯密和查尔斯·达尔文的观点，看看他们如何看待完全竞争的自由市场为什么总会带来让许多人不愿接受的结果。

许多左派评论家认为，高管薪酬的飞涨是竞争性市场力量崩溃的证据。他们认为，行业内的大鳄通过合谋把竞争对手赶出市场，他们就制定垄断价格,肆意盘剥顾客。他们又把自己的同党安排在董事会里,然后,就可以通过董事会输送给自己一份高得离谱的薪水和红利。

显然，这种滥用权力的事情是存在的，并不是现在才有这种情况。相反，沟通技术的改进和增加企业透明度的成本的降低，只会让这种情况不像以往那么严重。高管雇用的董事会成员确实存在信息不对称，但他们的信息还是比以前多得多，而且这会让声誉成为更有效的业绩预测指标。同样，机构股东和越来越多的敌意收购威胁也会约束高管的薪酬泛滥现象。

尽管上述情况已经有所改善，但企业治理依旧不尽如人意。虽然业绩平庸的高管拿着高薪的情况时有，但如果拿不出漂亮的业绩，他们被解职的时间也比以前快得多。库克和我研究发现，几乎在任何一个劳动力市场上，顶级薪水的上涨速度都因为如下两个因素：大幅提高业绩的技术力量剧增，以及对拥有顶级业绩管理者的争夺日趋激烈。

按相对业绩支付的薪酬是定义我们所说的“赢者通吃”市场的第1

个条件。而第 2 个条件就是，报酬往往倾向集中于少数几个最优秀的人身上，因此反映在天赋和勤奋这两个要素上的毫厘之差将演化为收入上的天壤之别。这两个特征充分体现在经济学家舍温·罗森（Sherwin Rosen）描述古典音乐家市场的一段话中：

> 古典音乐家的市场从来没有像现在这么大，但任何一种乐器的全职独奏者却始终仅有几百人，而且声乐、小提琴和钢琴以外的其他乐器独奏者人数更少。
>
> 在这为数不多的群体中，一级演奏家更是只有屈指可数的几个人，他们拿着令人咋舌的高薪。据说，二级演奏家与他们的收入差异就已经大得惊人，尽管大多数听众在“盲”听的情况下，很难鉴别出他们之间的细微差别。

高超的现场录音及录音回放技术的出现，使得少数最具天赋的音乐家拥有了无比巨大的优势，并让他们的微弱优势对收入形成巨大的杠杆作用。由于我们提到的大多数音乐都是预先录制的，因此世界各地的乐迷们几乎可以在同一时间欣赏到同一位世界顶级女高音歌唱家的演唱。此外，从录音母带刻录出一张光盘的成本微乎其微，因此对于几百万乐迷来说，购买顶级音乐家的唱片和普通的音乐家的唱片，或许只需多出几分钱即可。最终的结果就是，最优秀的女高音歌唱家每年可以稳稳当当地拿到 7 位数的合同，而普通音乐家只能为了糊口而奔波。

同样的逻辑也适用于大型机构的领导者。曾在 2007 年聘请大卫·斯科尔顿（David J. Skorton）担任康奈尔大学第 12 任校长的理事会知道，他最重要的职责就是主管这所大学 400 亿美元的基金资产，当时，这笔基金才刚刚开始投入运营。校方招聘委员会最初选定了 7 位目标候选人，斯科尔顿最终胜出。

过去几年里，斯科尔顿用行动证明了自己的能力，康奈尔大学的每一个人都对他佩服得五体投地。斯科尔顿作为一个诙谐幽默、热情奔放且又富有人格魅力的人，同时还是一位杰出的心脏病学专家、优秀的爵士乐音乐家。假如他对未来令人神往而且极具征服力的畅想，能说服校董们再向哪怕是次优投资对象多投入3%的资金，他就能让这笔基金的资产又多出100多万美元。

我不知道斯科尔顿博士的年收入有多少。几年之前，某些私立大学校长的年薪都已超过100万美元，这令许多社会批评人士震惊和愤慨。但是，像大卫·斯科尔顿这个级别的领袖人物已是凤毛麟角，所以，他们拿到再多的薪水也不足为奇。

薪酬差异对许多私人公司来说更是大得惊人。一家年收益为100亿美元的公司招聘CEO，几轮选拔过后，只剩下两个候选人。假如A每年只比B多做出几个更好的决策，那么，在前者A出色的领导下，公司的年利润就可以提高3%，或者说增加3亿美元。因此，鉴于决策质量对公司业绩的重大影响，如果最优秀候选人A在任职期间的决策上表现得更胜一筹，那么，A的薪水比次优候选人B的薪水高得令人难以置信，尽管两个人的天赋差异微乎其微。

在最近几十年里，决策对收入的杠杆作用实现了飞跃式增长，尤其超大型企业。导致这种现象最重要的原因或许是信息革命，以及信息革命带来的运输及关税成本下降，制造技术的发展和其他因素等，这些因素让许多本土或区域性市场拓展为国家市场，甚至是全球性市场。

以前，俄亥俄州北部地区最优秀的轮胎制造商至少还可以在当地市场内占据一席之地，消费者现在可以从世界各地的轮胎厂家中选择消费。企业业绩曾经一直依赖于少数高层人员的努力，由于当今市场范围的不断扩大，使得幸存企业的领导者在薪酬方面也拥有了远远大于前任的杠杆优势。

在竞争性市场中，更大的杠杆作用意味更高的薪水。纽约大学斯特恩商学院的经济学家泽维尔·加贝克斯（Xavier Gabaix）和奥古斯汀·兰迪尔（Augustin Landier）在2008年发表的论文指出，竞争市场中的高管薪酬应该与公司市值成正比，不应该固定不变。在他们选取的大公司样本中，CEO 的薪酬在 1980 年到 2003 年期间增长了 6 倍，这个比例基本与公司市值的增长率相同。

放松管制不仅带来新的市场机会，也带来新的竞争威胁。在美国，它还进一步提升了航空、卡车制造、银行、证券经纪及其他行业高管人才的市场价值。与此同时，证券衍生品及其他金融资本的新来源则增加了外部收购与兼并的威胁。这些新的发展趋势成倍增加了优异绩效的潜在收益，同时也放大了劣等绩效的潜在损失，这更加突显了“千军易得，一将难求”的形势。上述诸多原因汇聚到一起，让高管人才的经济价值扶摇直上。

不断放大的决策杠杆效应本身还不足以解释高管薪酬上涨的现状。毕竟，在美国最大的公司中，CEO 的薪酬水平始终存在着巨大的决策杠杆效应，第一个百万美元薪酬组合就出现在 20 年前。此外，全球化趋势不仅提高了美国高管人员的薪酬杠杆效应，也大大推动了其他国家的企业高管薪酬水平。按美国标准来看，这些国家的高管收入在最近几年已显著上涨，但是增长还十分有限。因此，业绩优异的 CEO 能为公司贡献数百万美元利润，而公司并没有给他们提供与此相称的薪水。

对任何一个“赢者通吃”的市场，业绩优异的高管为了获得可观的报酬，他们不仅需要为企业创造出非凡的价值，还需要在外部生成一个有效的人才竞争市场。但是在许多市场中，各种各样的传统规则却阻碍了这种竞争。

大多数顶级体育联赛都曾设有同业竞争限制协议，防止球队老板以更高收入吸引其他球队的优秀选手。但是，美国冰球大联盟的“保留条款”（Reserve Clause，包含在选手合约中的条款，允许合约期满后自动延续一年，球队以此来约束选手，直至其解约、退役或卖出。——译者注）在 1976 年被推翻之后，这种限制性协议开始纷纷土崩瓦解。到目前为止，在主要体育职业联盟中，运动员们取得了有限程度的转会自由权。对任何一个体育运动和赛事联盟，这种自由权都带来球员薪水的大幅增长。

与职业球队老板不同，企业所有者始终不曾面对这样的约束，以高薪吸引最有天赋的雇员是他们不可动摇的权利，当然也就不会因此而受到任何限制。按照一些非正式规范，从内部提拔高管始终是放之四海而皆准的现实选择。在大多数情况下，公司内部符合条件的人选往往寥寥无几。因此，高管的薪酬通常由公司和候选人之间的讨价还价过程决定。一方面，这个候选人有没有备选去处，另一方面，公司有没有更合适的备选人。一般情况下，公司往往可以用仅相当于市场薪酬水平 1/10 的工资留住内部高管。

企业界的反掠夺规则早已不是秘密。最有名的案例或许就是 IBM 将郭士纳招致旗下。郭士纳作为一个久负盛名并屡次在逆境时刻扭转乾坤的关键人物，曾在 RJR（美国一家烟草公司，品牌有 Winston、Salem、骆驼牌。——译者注）创造了令人瞠目结舌的企业盈利记录，但是在计算机行业却毫无经验。在信息时代初期，这种完全跨行业的招聘情况几乎不可想象，但 IBM 的赌注最终还是得到了丰厚的回报。郭士纳带领这个当时举步维艰的计算机巨人，在 20 世纪 90 年代实现了惊天大逆转。

这种针对高管人才的新型“现货”市场深刻地影响到他们的薪酬体系，这与自由转会权在近几十年里对职业运动员的收入影响如出一辙。应美国 800 多家超大型制造业或服务业公司的邀请，我们开展了一次针对 CEO 的研究。在研究的最初阶段中，库克和我就发现，从 1972 年到 1992 年，企业从外部招聘高管人员的比例增加了 50%。这种趋势有效地打破了以往将高管选拔对象局限在企业内部的不成文“保留条款”。

今天，尽管超过一半的新上任 CEO 仍旧来自企业外部，但规则已经发生了深刻的变化。在美国，离开现有职位到公司以外另谋高就，正在成为越来越多高管人才的优先选择。因此，要留住最有价值的高管人员，今天的企业就必须给他们提供足够的薪水，防止他们跳槽。近几年，职业棒球联赛取消“保留条款”，这成了顶级球员薪酬大爆炸的根本性诱因。同样，越来越多的流动性高管人才在市场上扮演着类似的角色。

总之，飞涨的高管薪酬是竞争力崩溃的观点根本就经不起推敲。金融服务业是一个明显的例外，慷慨的“竞选献金”给他们换来了有效的管制政策，让他们得以远离有效竞争。不过，近年出现的薪酬大幅上涨实际上还是市场力量强化的必然结果。

当然，“赢者通吃”的市场也不是新鲜事物。而唯一变化的，就是技术加快了世界级天才管理者的能力及活动范围的延展步伐。五百多年以前，印刷术让为数不多的天才演讲家取代了数百万民间讲故事的人。今天，网络在线新闻让少数无所不知的专栏作家替代了一大批本地记者。而个人计算机的普及，则让一小撮无所不能的软件开发者代替了数以千计的地方税务审计师。由于这些变化，今天的竞争性劳动力把天赋和勤奋的微弱差异放大为薪酬的巨大落差。因为天赋和勤奋的这一点点差异在一定程度上不为我们所控制，因此我们会看到这样的现象：运气和成功之间的对应关系，正变得比以往任何时候都更加紧密。

一个开明的自由主义者或许会放弃所有税收都是偷窃的观点，转而坚持另一个观点，即人们完全有权像对待税前收入那样对待自己的税后收入毫厘必争。在一个只需多拥有 1% 的天赋或者多付出 1% 的努力即可多得到 1% 回报的世界里，后一种观点至少在感觉上还说得过去。但是在一个天赋和勤奋的细微往往会造就千万倍收入差别的世界里，这样的说法就站不住脚了。

信仰至上

任何思想都会带来一定的结果。布什总统基于“这是你们自己的钱”的认知模式，对高收入者采取了下调所得税的政策。为了弥补由此造成的联邦预算赤字，官员们开始竭尽所能地削减各项政府开支。但任何政府项目都有其支持者。遭到裁减的项目未必是没有价值的项目。而更常见的情况则是，它们往往是最不容易为公众所觉察到的项目，或是支持者最容易被忽略的项目。

在布什执政期间被裁减的所有项目中，包括能源部为封锁和控制前苏联失散的核武器原料而开展的项目。一方面，这些储藏设施极为简陋，军方的看护人员时常酗酒而且经常被欠薪；另一方面，恐怖分子则在紧锣密鼓地四处搜寻核武器原料。在这样的环境下不难想象的是，恐怖分子可能会找到这些核原料。

在任何收入水平的人看来，削减这些项目都不是好的决策。但是按照当前的主流思维模式，这样的决策再常见不过了。

封锁前苏联东撇西落的核原料需要耗费大量的资金。如果我们一定要这样做，我们必须决定到底应该由谁来为此纳税。由于与社会公正毫不相干，我将在第 10 章里讨论，较高收入者为此纳税不仅有利于穷人，同样符合他们自身的利益。但是，假如我们不能以一种新的思维模式看待税收问题，这样的事情就不可能发生。而人们在税前收入上的巨大反差，显然有利于我们重新认识这种思维模式。

主流思维模式假设，在劳动力市场上充分发挥个人的天赋和勤奋从而提高收入，是每个人的自然权利。但个人收入依赖于以税收为基础的公共投资，这使得上述假设毫无意义。越来越多的事实表明，在劳动力市场上，那些拥有超常天赋且极端勤奋的天才依旧离不开运气，这让上述假设变得更加不堪一击。

作为人类的主流思维模式，把成功归功于天赋和勤奋这样的美德有利于满足我们的心理取向，但事实却无可更改：天赋和勤奋这两种禀赋自身都难以完全控制。

2009 ~ 2010 年美国职业冰球联赛，司职右边锋的马里安·霍桑（Marian Hossa）代表芝加哥“黑鹰”队获得“斯坦利”杯冠军。那个赛季，他的年薪为 800 万美元。毫无疑问，出生于 1979 年 1 月 12 日的霍桑为了这份来之不易的成功，在训练中付出了超常的努力。我从来没有见过霍桑，也不知道他如何看待目前的税收负担。但我们完全可以想象得到，他的出生日期和他在冰球事业中取得的成功之间到底有什么关系，这足以让他为此而感到庆幸。

第10章

涓滴理论

政府为什么优先补贴富人？

The Great Trade-off?

“对富人征税，就相当于杀死那只下金蛋的鹅”。

“所有税收都是盗窃。”

“对不同对象征收不同税收是不公平的”……

正当此类反纳税的口号此起彼伏，令政府难以招架之时，弗兰克却在呐喊：“NO! 富人们必须缴税。”

有一家网站将自己标榜为“解析政府管制为何会带来更多贫穷、不平等和不公平的终极指南”。打开网页，你就能看到一则公元前6世纪《伊索寓言》中的故事：

> 一对夫妇有幸拥有一只每天都能下金蛋的鹅，但他们还是觉得发财的速度太慢。他们猜想，这只鹅的五脏六腑肯定都是黄金做成的，于是他们决定杀掉鹅，就可以获得这只鹅体内的所有黄金。但是，剖开鹅的身体，他们却发现，这只鹅的肚子里和其他鹅没有任何区别。

这个故事始终为自由主义者津津乐道，他们经常引用这个故事提醒那些倡导激进型累进税的人：这样的税制会让所有人更贫穷。美联储前主席艾伦·格林斯潘一直自称自由主义者，他本人对此深信不疑，并著文写道：“所有税收都是经济增长的拖累，唯一区别的只是程度。”

并不是只有自由主义者才相信税收会抑制经济增长。来自各个政治派别的许多人以各自的方式散播着所谓的“涓滴理论”(Trickle-down Theory，也称间接流注论、垂滴论或滴入式理论，指在经济发展过程中并不给予贫困阶层、弱势群体或贫困地区特别优待，而是由优先发展起来的群体或地区通过消费、就业等方面惠及贫困阶层或地区，带动其发展和富裕，或认为政府先补贴大企业再陆续惠及小企业和消费者，从而更好地促进经济增长。——译者注)，这似乎变成了真理。

并非所有税收都会拖累经济增长。如前所述，如果一个政府不征税，它就不可能维系一个文明社会，也不可能保护自己的公民不受外来侵犯，更不用说享受经济健康增长带来的福祉。

到底应该对哪些事物征税这个问题不探讨清楚，税收如何影响经济增长的问题就无从谈起。在第 11 章里，我们讨论的焦点将是针对有害行为课税。我们将会看到，这些税收不仅不会减慢经济增长，而且能强化经济增长。

提高税率会缩短劳动时间吗？

自由主义者与保守主义者都认为，对高收入者征收税超过一定额度，注定会抑制经济增长。比如说，如果采取 100% 的税率，将此税收再分配，从而使每个人的税后收入完全一致，那么人们将没有动机从事任何有偿劳动。在这种情况下，也就不存在任何可以进行分配的收入了。

涓滴理论根本就不能说明，如果提高高收入者的税率将发生什么，譬如说提高到接近于 100%。为了让涓滴理论真正有趣，我们首先需要澄清的是：按大多数工业发达国家的现行税率，进一步提高高收入者的税率将放缓经济增速。

这样的说法真的对吗？表面上似乎正确，因为它源于一个经过实践检验的观念：人的行为依赖于动机。由于提高高收入者的税率会削弱努力和风险的回报，我们就似乎可以理所当然地推断出，高税收会诱使人们减少努力工作，承担更小的风险，而这都将削弱经济增长。

每一本经济学教科书都会清晰无误地告诉我们，税后工资的下降对经济增长也会形成次要的反作用力。税后工资的下降让人们感到更贫困，因而提供了一种逆转动力，促使人们更加努力工作或者承担更大风险。我们可以假设，一个喜欢花钱的人给自己设定的目标是每天消费 2 000 美元。如果他目前的税收工资为每小时 250 美元，那么，他就必须每天工作 8 小时。但是，如果由于提高税率而使他的收入减少到每小时 200 美元，他每天就必须多工作两个小时，或是卖掉自己的“法拉利”汽车。

其他人或许会对增税产生不同的反应。由于较高的边际税率减少了休闲时间的机会成本，这就导致某些人会减少工作时间。增税到底引发哪些反作用，所有经济理论都没有提供解释。

如果经济理论不能为涓滴理论提供论据，数字又能说明什么呢？在这里，我们看不到任何依据。评论家们提出一个检验方法：如果说降低实际工资诱使人们缩短工作时间，反之，提高实际工资则促使人们增加工作时间。自 1900 年以来，去除通货膨胀影响后的美国平均小时工资增长了 5 倍多。根据涓滴理论，今天的美国人应该大幅增加工作时间，但目前美国人的工作时间只有 1900 年时的一半。

我们根据涓滴理论预测，工作时间较短的国家真实的税收工资也较低。在这里，数字则给我们讲述了一个不同的故事。例如，尽管日本公司 CEO 的收入还不到美国公司 CEO 的 1/5，而且还要面对更高的边际税率，但他们的实际工作时间却远远长于美国同行。

涓滴理论强调的激励措施促使许多人预测，贫富差距程度应与经济增长率成正相关关系。由此进一步推断出，贫富差距扩大应让后富的人感觉到更加难以追赶先富的人。根据第 4 章的讨论，不平等性确实会影响到消费模式。但是在检验个别国家的时间序列数据时，研究人员发现，在经济增长率和贫富差距程度之间呈负相关关系。比如说，在“二战”结束后的 30 年间，按历史标准看，贫富差距程度较低，大多数工业化国家的经济增长率却高得惊人。相比之下，从 1973 ~ 1983 年 10 年期间，大多数国家的贫富差距持续扩大，而经济增长率也下降了 50%。

跨国比较也反映出经济增长与之间的负相关性。根据世界银行和经合组织提供的 65 个工业化国家的数据，哈佛大学的艾尔波托 · 艾莱斯那（Alberto Alesina）和达尼·罗德里克（Dani Rodrick）发现，经济增长率与收入最高的前5%和10%国民的比例成反比。各项研究都反复表明，现实状况与涓滴理论预测的结果相悖。

穷人不得已而补贴富人

2001年，布什总统引用涓滴理论的另外一个演化理论，并在2008年被约翰·麦凯恩再次提及，而这两个人的目的都是为了给美国高收入者减税做辩护。他们提到的这个演化理论并未阐述减税对人们投入有偿劳动时间会带来哪些影响。两个人的主要观点为：富人通常都拥有自己的小企业，这些小企业每年为美国创造了超过50%的就业机会，因此，减税将刺激出更多的就业机会。

从表面上看，这种说法似乎说得过去，而且在现实中也没有招致多少诟病。但我们很快就会发现，它从经济理论上根本就讲不通。它不符合企业人力决策理论。

这种说法基于一种假设：企业主有能力且愿意雇用更多的工人。但是在现实中，有能力做某件事情与应该做某件事情根本就没有关联。比如说，你可以买一张不喜欢的歌手发行的CD，但这个事实并不意味着你有责任买。企业主有能力雇用更多工人这个事实同样不能说明，他们应该雇用更多工人。对他们来说，最重要的是雇用更多工人能否带来更多利润。

在企业管理的入门级教科书中，最基本的雇佣标准都讲得非常明白：如果新增工人生产的商品至少可以按相当于成本的价格出售，那么，就应该雇用这些工人；否则，就不应该雇用他们。不管企业主多么囊中羞涩，只要满足这个标准，雇用更多工人就是可取的。相反，即使企业主比盖茨还富有，只要不满足这个标准，雇用新工人就是不可取的。企业主的税后个人收入与他的雇用决策毫无干系。

减税政策的维护者往往反驳道：在新工人开始生产并提高产量之

前，企业主需要投入新工人的招聘及培训成本。减税可以帮助他们支付这笔成本。尽管这个理由很公平，但却不足以改变基本雇佣决策。

用减税省下的资金支付招聘新员工初始成本的企业主，相当于为了谋取未来收益而借给自己一笔钱。实际上，他们是在把自己银行里的钱借贷给自己的企业。而检验这种贷款是否合理的标准也完全等同于对外部贷款的检验。

对于银行贷款，公司新增工人带来的收益不仅能支付新增工人的工资，而且还足够偿还本息，这就适用成本－收益分析法。内部贷款满足这个标准，同样适用成本－收益分析法。在雇佣决策中，内部贷款的隐性成本与外部贷款的显性成本具有完全相同的内涵及重要性。

按照经济学教科书的基础原理，我们都可以推论出对企业主实行低税率有利于他们雇用更多工人。长久以来，小企业始终被盛赞为美国经济创造就业机会的发动机。这并不否认另一个事实，个人所得税率并不影响他们的雇用决策。

如果管道公司新增一名管道工每周可以为其增加 2 000 美元的收入，而企业每周需要向他支付 1 500 美元的工资，此时，管道公司就有动力再雇用一名新工人。减税的确会把一笔钱送到管道公司所有者的腰包。但即使没有减税，只要符合成本－收益分析标准，管道公司就一样会雇用新工人。反之，如果新增一名管道工每周可以为管道公司带来的收入不足 1 500 美元，不管减税幅度有多大，管道公司都不会雇用新工人。

总之，无论是经济理论还是实证依据，都不支持涓滴理论的上述演变。我们根本找不到有力的证据说明对高收入者增税会抑制经济增长。不过，这种说法已经被人们经常引用而且极少受到质疑。

相反，我们有足以令人信服的证据说明，对高收入者实行低税率会限制资源的利用效率。例如，对高收入者的低税率并不会鼓励人们更勤奋地工作，但他们却似乎有可能选择生产效率更低的工作。

2008 年金融危机爆发之前，名牌大学优秀毕业生进入华尔街成为基金经理的比例呈持续上升趋势。例如，普林斯顿大学的 2007 年毕业班中，全部已就业学生中的45%进入金融服务业。这些工作的职位描述在许多方面都没有吸引力。有些人认为工作时间太长，工作压力太大，在智力上缺乏挑战性。但有一点是任何人都认可的：这些工作的报酬非常可观。这些最聪明、最优秀的人纷纷涌入金融服务业，屡创新纪录，原因很简单：在这个行业中，每个成功者都能赚得盆满钵满。

基金经理的年薪，竟能超过10位数？

据《机构投资者的阿尔法》(*Institutional Investor's Alpha*)杂志报道，对冲基金经理詹姆斯·西蒙斯在2006年赚到了17亿美元，还有两位基金经理的年薪超过10亿美元。在那一年，收入最高的20位基金经理的总收入超过140亿美元。一年之后，另一位对冲基金经理约翰·鲍尔森的收入约为40亿美元。

与此同时，这些基金经理还享受着丰厚的税收优惠。例如，尽管“附带收益”主要体现为旗下组合收益20%的佣金，这笔收入只需缴纳15%的资本利得税，而不是针对普通收入征收的35%的个人所得税。仅仅这一点就可以为鲍尔森先生在2007年省下大约8亿美元。

国会考虑过将附带收益一并视为普通收入进行征税，但金融业的游说者总能迅速反击，这样做只会杀死那只下金蛋的鹅。税改建议并不会阻止有价值的交易。如果按普通收入对附带收益进行征税，那么一笔可以为基金经理带来100万美元税后收入的交易，将变为76.5万美元。谁能保证，他一定会放弃这笔交易呢？对基金经理按高税率征税，可以减少求职者大量涌入基金经理这个市场而造成的资源浪费，从而推动其他领域的发展。这个市场就是典型的“赢者通吃”型市场，本质上就像是一场淘汰赛，从一大批初赛选手中选出为数不多的几个胜利者。这类市场之所以能吸引如此之多的参赛者，主要有以下两方面原因。

原因之一是信息偏差。在对是否参赛做出决策之前，人们至少需要掌握自己的胜算到底有多大。原因之二是人们总是高估自己的相对技能水平。例如，超过 90% 的工人认为自己的工作效率超过平均水平，90% 的司机认为自己的驾驶技能超过一般驾驶员。教育程度并不会减弱这些偏差。90% 以上的大学教授相信，他们的教学水平超过一般同事。

过度自信极有可能扭曲职业选择，因为除了支撑这种过度自信的激励性因素之外，许多比赛中的胜利者表现都极为突出。例如，年薪达到 8 位数的 NBA 球星每周 7 天都会出现在电视上，而没有挤进这个联盟的数千名球员则默默无闻，无人问津。同样，年薪 10 位数的对冲基金经理的曝光度，显然是那些无缘涉足这个领域的普通人所无法企及的。

至今还在寻求答案的公地悲剧

在“赢者通吃”的市场上，所有潜在竞争者都会面对一个被称为“公地悲剧”的问题，它的最初用途是为了解释海洋的过度捕捞现象。以前，鳕鱼在北太平洋海域大量生存繁殖，但是，过度捕捞使得鳕鱼的数量已减少了 95%。导致鳕鱼数量迅速锐减的动机与导致人们过度涌入“赢者通吃”型市场的完全一致。

公地悲剧为我们认识达尔文的基本观点提供了一个生动形象的例证：个体利益与集体利益往往存在激烈冲突。通过一个简单的数字游戏，我们就可以认识这场冲突的本质。

40：60，可捕捞数量与人均收入下降的临界点

假设有 100 个人，每个人都试图在两个职业之中作出选择：在一个与世隔绝的岛屿上捕捞鳕鱼，或是到一家年薪为 5 万美元的工厂工作。我们再假设，除收入之外，每个人都认为这两份工作具有相同的吸引力且无差异。因此，只要捕鱼的年收入

达到或超过5万美元，就会有人选择捕鱼。

附近海域的鳕鱼数量非常充足，以至于第一批捕鱼者每年赚到10万美元。由于这笔收入相当于工厂工作收入的两倍，在此诱惑下，其他人马上来到岛上捕鱼。由于附近海域的鳕鱼数量有限，随着捕鱼人数的增加，渔民的平均收入持续下降。按照传统经济理论，我们可以预见，一旦捕鱼者的年收入低于5万美元，就不会再有人进入捕鱼业。

假设达到这个临界点时，岛上有40名渔民，他们的年收入总额为200万美元。其余60人选择到工厂工作，他们的年总收入为300万美元。此时，这100个人每年的总收入为500万美元。但是，如果这100个人全部选择到工厂工作，他们的收入总额恰好也是这个数字！如果有一个人选择捕鱼，他每年可以赚到10万美元，而其他99人作为工厂工人的年均收入则是5万美元。此时，这100个人的年收入将超过500万美元，为505万美元。

公地悲剧的出现，源于一种简单的外部性问题。每个有可能成为渔民的人都只关心通过捕鱼可以实现的收入，而没有认识到他的进入，将减少现有渔民可以捕到的鳕鱼数量。当市场达到均衡时，最后一个进入者通过捕鱼实现的年收入为5万美元，这个数字刚好等于他没有选择工厂工作而失去的那5万美元年收入。但是，由于他的进入还减少了现有每个渔民的捕捞数量，因此，他给整个系统带来的效应是负面的。所以说，个人选择捕鱼的动机太大，必然造成过度捕捞。

成为基金经理所面对的动机完全与此相同。鳕鱼的数量是固定的，在既定时刻，市场上有待完成的交易数量也是固定的。在达到临界点之后，增加基金经理人数，每个人管理资金佣金总额就会减少。一个竞争者在某家顶级基金谋得职位的好运，会因为其他竞争者失去这个机会而被抵消掉。因此，在这里，个人动机同样造成了浪费。

在某种程度上，这个特征存在于每一个“赢者通吃”的劳动力市场。

实际上，几乎所有能带来高收入的劳动力市场都属于“赢者通吃”型市场。在这些职场中，每一个职业金字塔的顶尖都存在少数位置享有高收入“杠杆”效应，如获得“格莱美”奖的艺术家、全明星游戏手、最佳畅销书作家、《财富》杂志CEO、获得“学院奖”的演员、最火的脱口秀主持人、顶级诉讼代理律师等等。因为这些位置的收入太诱人了，以至于这些位置的竞争始终惨烈异常。实际上，对于每一种职业，都可能会有几百甚至是几千名能力超凡、志在必得的候选人去竞争一个空缺。

在“赢者通吃”的市场里，潜在竞争者一方面高估自己成功的概率，另一方面又忽略了他们加入时，会减少所有人的成功概率。出于上述两个原因，这样的职场往往会吸引太多的竞争者。

在上述以捕鱼业为例的公地悲剧中，随着人们从捕鱼业转到工厂，总收入会相应增加。类似的，如果有人放弃华尔街或是其他“赢者通吃”市场，转而到传统行业中寻找机会，仍然会遇到很多人竞争一个明星级职位。因此，即使是今天打算在华尔街谋得一个位置的人当中，有一半人准备明天离开华尔街，但这并不会减少华尔街工作的竞争程度。但是，更多人选择非“赢者通吃”市场就业带来的收益，足以弥补因“赢者通吃”市场上竞争者减少而损失的价值。如果“赢者通吃”市场上的税后收入降低，在这个市场上争夺职位的竞争者也会减少。于是，只需提高针对高收入者的税收即可实现预期的就业调节。

对于取消对冲基金经理及私募基金经理享受税收优惠的提议，哥伦比亚大学的一位金融学教授提出了反对意见，他认为，“私募基金是美国经济极其重要的一部分，高税收必将限制这个行业的发展”。其他人则把这个建议归结为因妒忌而招致的阶级斗争。

但两者观点均忽视了最基本的一点。使资本价值最大化的天才是整个社会最重要的造福者。在基金市场，真正有利可图的交易数量是有限的，一旦超过某个临界点，继续把更多才华横溢的大学毕业生送到这个饱和的领域，不仅会带来较高的机会成本，而且不会创造出什么新的经济价值。那些涌入华尔街的哈佛、普林斯顿和耶鲁大学毕业生，无不是极富天赋和勤奋好学的天才。如果选择从医，他们中的某些人或许就能解决许多危及生命的疾病。有些人可能会开发出更有效的太阳能板。但是，他们中的许多人给市场带来的却是异常复杂的金融衍生品，正是这些衍生品的蔓延，让整个美国陷入了自“大萧条”以来最严重的经济衰退。

总之，让“赢者通吃”市场的税后收入不再像以前那样光彩诱人，就会增加其他职业选择的吸引力。在这些职业中，每一个天才的进入都将创造出真正的社会收益。由此带来的税收收入还可以解决更多亟待解决的问题。在一个“赢者通吃”市场日益发挥主导角色的经济体中，公平与效率之间具有互换性的传统思维将被彻底颠覆。在当下环境中，对高收入者实行高税率的实际意义，或许就是要兼顾公平与效率这两个目标。

即使如此，我依旧认为，对高收入者征收较高所得税不是一个好主意。如第 5 章所解释的那样，对每个家庭的总消费支出征收更激进的累进税，将会比目前实行的所得税更有效。我反对所得税的理由完全不同于自由主义者及其他纳税政策的反对者。实际上，他们的口号一直在阻挠着我们针对如何改革失效的税收体系展开更理性的对话。这种对话必须关注某些具体税种的根本性问题。譬如：

到底应该如何设计产权？

私人物品和公共物品之间的最优均衡是什么？

什么样的制度安排最有利于实现这种均衡？

我们应该如何支付公共物品的成本？

我们对社会最贫困人群应承担哪些义务？

哪种制度最有利于促进环境的可持续性？

税收不都是盗窃

针对税收政策展开的深入对话不仅有益于两大政党，而且有益于每个人，不管其处于收入阶梯的哪个位置。但是，反税收和反政府的口号却一直阻挠我们沿着正确轨道实现良性对话。这些口号明显有悖于现行理论以及人类行为的基本依据，但还是有人在不遗余力地发出这种声音，看不出他们有丝毫的窘态和愧意。事实上，即使是许多学识渊博且中立的评论家也对他们中的许多人心存敬意。只有利用这些口号激起人们的真知，真正的改革才有可能。因此，在冲破阻碍、奋力一跃之前，或许就是我们重新审视其缺陷与弊端的最佳时机。

我认为，“所有税收都是盗窃”这类口号愚蠢至极。这个口号的基本点就是：不应该让爱管闲事的政府官员去征收我们用点点滴滴的智慧和心血换来的财富。但是，在一个缺乏对产权完善定义和维护、缺乏高度发达和专业化的市场所需要公共基础设施的国家里，根本就没有多少财富可以被政府征用。除非政府有权实施强制性税收，否则，根本就不可能征用。任何一个掌握充分信息的人都会认真思考，他是否还要生活在这样一个没有征税权的国家里，因为对这样一个国家来说，他迟早会被另一个拥有强制性税收的邻国所征服。

“对不同对象征收不同税收是不公平的”类似说法同样愚蠢，也漏洞百出。每个社会都受益于拥有道路、桥梁、警察和消防、国防及其他各类公共物品和公共服务。没有税收的社会不可能提供这些物品或服务。和私人物品一样，高收入会需求更多、更好的公共物品。因此，对全体居民实行“一税制”的社会，都仅能提供满足最贫困社会成员所需数量和质量的公共物品。同样，任何一个有先见之明的人都不想生活在这样一个社会里。

“累进税不公平”这个口号受到指责，带来的另一个问题是，他们所依据的是一种极为奇怪的公平理论。在自由主义者的理想中，人们可以与其他人自由组建社会，他们只需遵守共同认可的规则。在这样的理想状态，组建一个让自己能占据较高排位的社会，人们就不得不说服其他人自愿占据相对较低的社会排位。某个团队内高排位隐形市场是一个竞争性劳动力市场，高排位就应该具有较高的市场价格。由于这种位置价格不菲，而且只有其他人承担了与低排位所对应的成本之后，才会存在高排位，进而存在高排位所对应的价值。因此，把累进税说成一种公平的税收反倒符合正常逻辑。但反对税收者却坚持认为，人有权以无偿方式占据高排位，他们的理由也很简单：不可忽略的交易成本使得组建一个自愿性新社会在现实中不可行。实际上，这种观点完全是对公平概念的曲解和诋毁，而且完全有悖于传统意义上的公平概念。

反对税收者还有一个颇有影响力的口号："个人在经济上的成功取决于天赋和努力，而不是运气"。它激励人们为了成功更加努力，从这个意义上说，这个口号始终发挥着积极作用，但它同样也带来了许多负面作用。事实上，还有几百万才华横溢、勤奋刻苦的人，并没有在经济上取得应有的成功。我们对现代劳动力市场的功能了解得越多，就会越发清楚地看到，偶然性事件往往也是决定性的。个人的天赋和勤奋这两个元素本身，也要受到基因和环境因素的影响。那些贬低运气在生活中的作用的口号，唯一的目的就是要告诉我们：人们对其税前收入拥有100% 的所有权。

但是在形形色色的反纳税口号中,没有一个口号的危害性赶得上"对富人征税，就相当于杀死那只下金蛋的鹅"。尽管缺乏经济理论或实证依据的支持，但它似乎比"所有税收都是盗窃"的观点略微高明一点。但也正是出于这样的原因，才使得它被更多的人所接受，并对公共政策带来更深刻的负面影响。例如，布什对最富有家庭实行的减税政策正是以此为基础，才导致美国的负债在布什执政期间翻了一番。我们在第4章里已经讨论过，这些减税还以破坏性方式改变了美国人的消费方式。

我所经历的每一任总统在竞选时都曾信誓旦旦地声称，要减少政府的浪费性开支。有几位总统也的确在这方面作出了贡献，并取得了一定的进步。总体而言，政府开支在每一任总统执政期间都在增长，而且没有一次例外。我们的确应该继续反对不断恶化的浪费现象。我们在未来所面临的很大一部分开支都是不可或缺的，因此我们对削减政府开支的前景还是应该持有理性期待。

比如说，随着“婴儿潮”一代即将退休，在可以预见的未来，社会保险开支与工资税收入之间的缺口必将持续加大。医疗保险计划中的收入缺口已经很大，但由于医疗成本还将不可避免地继续上涨，因此这个缺口注定还会以超过社会保险缺口的速度继续恶化。

此外，还有许多不乏说服力的项目即将成为公共开支的新对象。比如说，我们的交通运输基础设施早已年久失修。除了彻底修复这些道路和桥梁之外，我们将别无选择。我们还没有建成高速铁路系统，而许多欠发达国家已经开始建立自己的高速铁路。随着能源价格的扶摇直上，智能型电网正在成为公共投资的新宠。许多城市区域仍缺乏最基础的公共交通设施。我们还需要对付从前苏联流失掉的大量核原料。我们应该一改以往削减科研经费的做法，科学技术毕竟是竞争优势的重要源泉。这样的项目举不胜举。

我们完全可以在这里增加一点储蓄，从那里削减一点开支，就让基础权益计划名副其实。在资金来源严重匮乏的情况下，只有傻子才会装作无所不能，这只是自欺欺人而已。尽管我本人坚信，提高高收入者的所得边际税率不是一个好主意，但我们必须准备好以其他方式对社会最富裕成员征税。正像抢劫犯威利·萨顿被问及为什么要抢劫银行所说的：“因为那里有钱。”如果我们不能对富人征税，就根本不可能筹集到我们所需要的资金。我们将在第 11 章里看到，完全可以在不侵害其利益的前提下，对高收入者征收某些税种。

第11章

有害行为

征税比管制更有效

Taxing Harmful Activities

北京的尘霾日益严重，汽车拥堵税却至今难产；伦敦开征拥堵税10年来，二氧化碳排放量减少20%，空气明显改善。

在美国，车辆税以前按数量征收，现在为什么按重量征收?

对酒精饮料征税，减少了交通事故发生率。那么对高糖含量饮料征税，社会有什么收益?

对一种活动征税不仅可以创造税收收入，还会对其产生抑制作用。我们现在迫切需要增加税收收入，还因为我们的经济正在被一系列的有害行为所困扰。对这些有害行为征税可以起到一箭双雕的作用，在抑制这些行为的同时，还可以帮助政府实现预算平衡。

污染与排放者无关

在讨论具体案例之前，我们有必要厘清“税收方法的效果往往优于政府直接管制有害活动”这种说法所依赖的经济理论与逻辑依据。假设有A（清洁型）、B（肮脏型）两家公司，他们是给当地带来二氧化硫（SO_2）污染物的源头。每家公司均有三种技术可以使用，每一种技术的运营成本和二氧化硫排放量有所不同。他们的成本和二氧化硫排放量如表11.1所示。通过表11.1的数据，我们可以发现不同污染物处理方法的某些重要特点。

生产成本数据反映出的第一个重要特征是，从左向右看每一家公司的运营成本，较为清洁的生产过程的运营成本也相对较高，因为高质量过滤器的成本较高。此外，我们还可以发现，随着污染物清除量的提高，清除既定数量污染物的成本也随之提高（在本例中，这个增量为3吨/天）。这是因为，理性的企业主首先会选用成本－收益效率最高的方案，然后再考虑次优方案。例如，A 公司每天清除第一个 3 吨污染物的成本只有 30 美元（最肮脏流程和中间流程的差额），则清除第二个 3 吨污染物的成本则是 60 美元（最清洁流程和中间流程的差额）。

生产成本数据反映出的第二个重要特征在于，不同公司清除污染物的成本不同。比如说，B 公司每天清除第一个 3 吨污染物的成本为 1 000 美元，而清除第二个 3 吨污染物的成本则是 3 000 美元，相比之下，这两个数字都远远高于 A 公司的对应成本。

表 11.1　不同生产过程的运营成本和 SO_2 排放量

流　程 成　本	最清洁的生产流程(0 吨 SO_2 / 天)	中间生产流程(3 吨 SO_2 / 天)	最肮脏生产流程(6 吨 SO_2 / 天)
A 公司的运营成本（美元 / 天）	100	40	10
B 公司的运营成本（美元 / 天）	4 500	1 500	500

我们不妨假设，受二氧化硫污染的受害者与污染者进行谈判不可行。经济学假设，公司的目标是利润最大化，他们会在法律允许范围内选择成本最低的生产过程。于是，在没有政府管制的情况下，每一家公司都将选择成本最低、最肮脏的生产流程，这会带来每天每家公司排放 6 吨，总计高达 12 吨的二氧化硫污染物。

什么样水平的二氧化硫对当地来说结果最优呢？许多非经济学家可能会脱口而出，零排放最好。但是，如果我们不了解清除二氧化硫的成本，就无法回答这个问题。毕竟，减少排放量需要成本，如果二氧化硫造成的危害非常低，那么最优的结果就是忍受。我们假设，排放二氧化硫每天给当地居民带来相当于 40 美元 / 吨的恒定危害价值。如果每家公司都采用最肮脏的生产流程，那么，每天的总危害价值就是 480 美元。

如上所述，A 公司减少二氧化硫排放量的成本低于 B 公司。因此减少总污染物排放量的成本最低的第 1 步措施就是，让 A 公司从最肮脏流程转换到中间流程，减少 3 吨二氧化硫排量，每天的总生产成本增加 30 美元，但这个数字小于 3 吨二氧化硫排放量给当地带来的危害价值 120 美元。因此，第 1 步措施值得尝试。为了进一步减少污染物排放量，成本较低的第 2 步措施就是，A 公司升级到最清洁生产过程，每天的二氧化硫排放量再减少 3 吨，每天的总生产成本提高 60 美元。相当于每天二氧化硫排放危害价值再次下降 120 美元，因此，第 2 步措施同样可行。到此为止，A 公司已经完成所有能采取的措施。

如果我们想进一步减少二氧化硫排放量，第 3 步措施就是由 B 公司由最肮脏流程转到中间流程，每天减少 3 吨排放量，支出 1 000 美元成本，这个数字远远高于当地 3 吨二氧化硫排放量的危害价值 120 美元。在这个例子中，B 公司的减排成本过高，以至于在环境治理过程中几乎不能发挥任何有益的作用。因此，最优选择就是每天排放 6 吨二氧化硫。

许多人难以接受，或者难以理解这个最优结果。因为只要污染物排放减少量达到一定水平，继续减排的成本将高于对应的危害价值。如果有人坚持认为，在任何一种环境下每一种污染物的最优排放量都是零，那么他的家里为什么没有每时每刻都用真空机，让自己的起居室一直处于真空状态？真空机一旦停止，马上会就有新的灰尘涌进来。如果他坚持灰尘的最优量是零，那么，他就应该让真空机一直处于运行状态，或者请个佣人做这件事。

把你的生活空间变成真空不仅需要耗费宝贵的时间，况且一点点灰尘也不至于带来什么伤害。这样的逻辑同样适合于其他污染物，它们的最优排放量通常也不是零。最优的减排方案应该首选成本最低，然后才是成本次低，以此类推，直至进一步减排的成本低于减少的危害价值为止。

这个简单的例子可以让我们认识到，为什么说命令控制式管制往往无效。按照污染治理的历史测度法，要求每一个造污者按基期年份污染量的相同比例逐年降低历史污染水平。

在上面讨论的这个例子中，如果监管者要将二氧化硫的排放量减少一半，就必须要求 A 和 B 两家公司放弃最肮脏生产过程，转而采用中间过程。尽管这可以实现预期的总减排量，但总运营成本的增量将达到每天 1 030 美元，其中 B 为 1 000 美元，A 为 30 美元。但是，如果仅让 A 单独从最肮脏过程转向最清洁过程，也可以达到相同的结果，而且其总成本仅有 90 美元，两者相比，A 和 B 都采取中间流程的方案整整高出 940 美元。

要求所有污染者按相同比例减少排污量的方案不仅带来资源浪费，还未顾及到不同造污者减排的成本差异因素。因此，如果仅要求 A 公司采取最清洁的生产过程，管制者将得到更有效的结果。但是，管制者往往并不了解企业间的减排技术差异，因而管制者很难推行“一厂一策”的微观管理。

但管制者可以选择成本最低的方式实现既定的减排目标。在上面的例子中，假设管制者对每吨二氧化硫排放量征税 40 美元。在这种情况下，A 公司将主动采取最清洁的流程，因为可以每天节约 240 美元的税款。另一方面，B 公司继续采用最肮脏的生产流程，因为采用最清洁的流程节约税收太少，不足以补偿相应的上涨成本。

鉴于 A 公司的减排成本低于 B 公司，因此，最有效的方案就是 A 公司独立承担全部减排目标。由于 A 公司不再排放二氧化硫，因而无需再缴纳排污税。由此可见，以税收方法实施减排不仅有效，而且公平。

与不采取任何措施的情况相比，税收措施提高了整个社会的经济福利水平。税收带来的唯一成本就是 A 公司在转向最清洁生产流程时每天需要支出的 90 美元。同时，由于征税的总收益为污染物排放危害每天减少 6 吨对应的 240 美元，因此，整个社会的净收益为每天 150 美元。从 B 公司的角度看，每天需要缴纳 240 美元税收，相当于它的成本。从整个社会的角度看，240 美元的税收却不是成本，因为这笔税收可以减少其他相同数量的税收。

理解税收收法案优势的关键点在于，二氧化硫的破坏性由大气中的总体浓度体现，而与谁排放无关。社会利益的根本点是控制减排措施的总成本，而不是孤立控制某个当事方的减排量。通过征收排污税，所有排污者都可以按最低减排成本实现清洁效果最大化，从而使减排总成本最小化。

这个假设案例的最优减排方案，在实践中同样得到了印证。作为对 1990 年《清洁空气法》（*Clean Air Act*）修订的一部分内容，美国国会采纳了二氧化硫许可排放量概念。二氧化硫是形成酸雨的主要初始成分，在 20 世纪 70 年代和 80 年代，酸雨的出现愈发频繁，由此带来的破坏性也与日俱增。按修订后的《清洁空气法》，企业需要获得许可，才能排放二氧化硫。通过逐步减少排放许可量，可以减少二氧化硫总排放量。企业可以通过芝加哥贸易委员会（Chicago Board of Trade）组织的拍卖行为，自由买卖排放许可，购买排放许可证的支出具有与对二氧化硫征税的功能和效果相同。许可证购买者需要支付相当于许可证价格的成本，而许可证出售者则获得这笔收入。因此，使用排放许可证的机会成本在本质上就相当于针对二氧化硫征收的隐形税收。

排污许可证交易大幅提前完成减排目标，而且成本也远远低于实施强制性监管所需成本。以往频现于各类媒体的有关酸雨的文章，今天几乎已经彻底销声匿迹。

自环保运动兴起以来，经济学家一直极力提倡以许可证交易和税收措施实现减排目的。在最初的时候，环保组织及其他左翼批判家却对此持敌对态度。例如，曾有一名环境学家提出过这样的问题："如果洛杉矶警察局想从威斯康星州警察局购买民事权利信用记录，会发生什么呢？"还有人经常批评："经济学家就是想让有钱的企业大肆污染！"

这类批评反映了人们对企业行为的误解。企业并不是乐于制造污染，而他们之所以这样做，是因为消除污染需要成本。尽管经济学家提出的这些建议恐怕需要几十年的时间才能变成法案，但环保组织目前已经成为税收减排措施的最忠诚支持者。塞拉俱乐部（Sierra Club）等一些环保组织一直督促其支持者购买二氧化硫排放许可证，然后撕烂这些许可证，这可以减少排放量，还让排放量下降到政府规定的目标。

自由主义者及其他信奉自由市场的保守主义者反对征收二氧化硫排污税的理由又何在呢？根据经济学家罗纳德·科斯的基本理论制定的协议，有助于我们正确认识这个问题（见第 6 章）。某些自由主义者或许不同意这样的看法，但就像我们将在第 12 章里讨论的那样，如果从这个角度出发，他们很难自圆其说。许多自由市场的拥护者赞同科斯的基本观点，税收有助于减少政府干预。这种观点基于科斯定理：如果受有害活动危害的当事人可以进行讨价还价，那么他们就有足够的动机找到有效的解决方案。

科斯也清楚地认识到，交易成本常常阻碍人们进行讨价还价。在这种情况下，要有效解决问题可能就需要政府的干预。科斯认为，在讨价还价不可行时，政府就应通过制度安排，引导当事人采取在讨价还价可行时会采取的解决方案。

一个地区，二氧化硫的来源可能数以百计，而受二氧化硫危害的人可能数以百万计，通过私人间讨价还价达成一致，在现实中显然是不可行的。因此，按科斯定理可以推论出，政府应通过法律形式明确，由成本最低的人或组织治理污染。

受害者没有可行的方案解决污染这类问题。相比之下，排放者则有多种解决方案，比如说，在烟囱上安装洗涤器，或是燃烧含硫量更低的煤。按照科斯理论，治理酸雨的最佳选择就是通过界定产权，使得厂商有足够动机减少二氧化硫排放量。对二氧化硫排放量征税，或是要求厂商取得排放二氧化硫的许可证，这是最有效途径，这也是对生产干扰最小的方法。

这种税收绝对不是偷窃，尽管它确实让生产附带二氧化硫排放物的商品更贵，但价格上涨只是反映了厂商排放二氧化硫给他人造成危害的成本。对任何带来有害副作用的产品，其价格都应该体现这类成本，就像价格一定要体现劳动成本和材料成本一样。征税减少的二氧化硫排放的危害成本，大于相应产品因此上涨的价格，因此，它扩大了经济的总价值。由此看来，居民也是这种税收的受益者。

赞成向二氧化硫排放征税的立法者并不需要告诉大家，华盛顿的官僚们怎样比你更聪明地花钱。相反，他们知道，对任何可以免费获得但有价值的资源，比如我们呼吸的空气，人们总是倾向于无效使用。而这种税收则可以让你买到更多有价值的东西。

如果自由主义者反对税收的花言巧语阻止了这种税收的实施，那么这与拉尔夫·纳德的“航空消费者行动项目”阻止航空公司对航班超预订时放弃座位的乘客提供经济补偿没有任何区别。正像第 7 章所讨论的那样，以价格机制分配稀缺资源让整个经济蛋糕越做越大，不管这种资源是超预订航班上的座位，还是对二氧化硫吸收量有限的空气流。

此外，在转移支付是确保二氧化硫排放税获得立法核准的必要前提时，自由主义者同样无法解释他们反对的理由。尽管以价格机制分配稀缺资源让整个经济蛋糕越做越大，但这并不能保证每个人都能自动获得比以前更大的一份。例如，如果 B 公司的大多数顾客收入较低，那么在公司因缴纳二氧化硫排放税而导致产品价格上涨时，就让这些顾客无力承担。如果能纳入加强社会安全网的调控，或许可以缓解二氧化硫排放税在政治上遇到的阻力。但最重要的是，当一项政策措施让经济蛋糕越做越大时，从这种措施获益的人往往能对那些因措施而受害的人做出完全补偿。就像我们在第 7 章所讨论的那样，如果不履行这种补偿会妨碍许多有效的政策措施，从而让富人和穷人同时受害。

向间接伤害行为征税

同样的道理也适用于对排放二氧化碳的行为征税，研究认为，二氧化碳在大气中浓度增加是导致全球大气变暖的罪魁祸首。反对征收二氧化碳排放税的批判家们强调，有关气候变化的预测还非常不确定，这是他们反对征税的主要事实依据。不确定性本身就是一把双刃剑。气候科学家本身就已经习惯这样说：“按模型进行的预测是极端不确定的。”尽管实际结果可能会远远好于一般性预测，但即使如此还是很糟糕。

在2009年的哥本哈根全球气候大会上，组织者曾试图将全球温度升高控制在到21世纪末不超过2摄氏度。即使如此微小的温度上升，也足以带来致命性破坏，而且大多数气候变化预测模型都表明，如果不采取有效对策，全球平均气温上升量肯定会高于这个数字。

根据麻省理工学院的“综合全球系统模型”近期的预测，如果不立刻采取有效的对策，到21世纪末，全球气温平均升高量将达到5摄氏度。该模型还预测，全球升温超过10摄氏度的可能性约为10%。如果真的出现这种情况，地球上的永久冻土将融化，这将向大气中释放出大量的甲烷气体。甲烷形成温室气体的能力是二氧化碳的50多倍。因此，根据麻省理工学院的模型，我们将面对一个无比残酷的现实：全球变暖并导致地球大部分生命消失的概率约为10%。

气候模型的预测也具有高度的不确定性。事情或许并不像预测的那么糟糕，但也可能更糟糕。我们是静观其变还是应该采取措施？要回答这个问题，我们首先需要知道，这需要多大的成本。事实证明，这个数字小得让人难以置信。

联合国气候变化政府合作专家委员会（Intergovernmental Panel on Climate Change）预测，2030年之前，只需对二氧化碳排放量按每吨征收80美元的税收，即可在2100年之前实现全球气温稳定目标。这个税收使每加仑汽油的价格上涨70美分（按2013年1月份的汇率计算，相当于每升汽油上涨1.15元人民币。——译者注）。但这个数字是在麻省理工学院模型的悲观预测面世之前即已确定。我们假设，对每吨二氧化碳征收300美元的税款，商品价格将按碳足迹的一定比例上涨，对汽油来说，相当于每加仑上涨约2.60美元（即每升汽油上涨约4.27元人民币。——译者注）。

2008年，如此高的涨价幅度在现实生活中或许已经难以接受。但如果采取循序渐进的方式逐步提价，对消费者造成的伤害将会小得多。例如，面对稳步上涨的石油价格，厂商会绞尽脑汁地去开发燃油效率更高的汽车。目前，许多欧洲国家的每加仑汽油价格已经比美国高出了4美元。但正是出于这个原因，欧洲汽车制造商才率先研发出世界上燃油效率最高的汽车。实际上，尽管驾驶体验让他们感到不太愉快，但欧洲人在汽油上花的钱远不及美国人多。

如果一个家庭用老款福特“野马”汽车（15哩/加仑）取代福特“福克斯”（32哩/加仑）汽车，尽管驾驶体验相差无几，但却可以节省许多在汽油上的支出。税额循序渐进地提高，以便于让人们有足够的时间适应。此外，人们还可以选择搬到距离工作地点更近的地方居住，采取拼车方式通勤，选择较近的度假地点等等。这种税收部分收入，可以用于补贴低收入家庭，以减小油价上涨给他们带来的压力。还可以把部分收入用于偿还债务，重建年久失修的基础设施或是减少其他税收。

2009年众议院通过的一项能源法案中，就已经包含了一个综合性碳排放限制与交易规定，其功能大致相当于碳税。共和党人一直在主张碳排放限制与交易立法，希望以此为基本框架，解决环境外部性问题。但是，自由主义者及共和党中的“茶党”派系则一直立场鲜明地抵制这项政策，并将此类政策斥责为“社会工程”。

当然是社会工程！但这种税收不是没有依据。我们现在还被允许免费向大气中排放二氧化碳，于是我们可以肆无忌惮地大量排放，从而给所有人带来伤害。但是，我们现在却很难在国会中找到一位公开支持碳排放限制及交易政策的共和党候选人。今天，共和党已在参议院中占据了足够多的席位，以至于他们甚至阻挠能源立法机构对这个政策投票。

俄克拉荷马州的共和党参议员詹姆斯·因霍夫曾说过：“认为全球变暖是由人为排放造成的说法绝对不真实，而且根本就找不到任何科学依据。”这绝对是荒诞可笑的无稽之谈。在气候研究领域，只有一小部分科学家同意，甚至只是装作同意这种说法，实际上，这些人无不是拿着能源企业提供的大量赞助。

但绝大多数科学家还是相信，无拘无束的温室气体排放将继续导致地球表面平均温度明显上升，不确定的就是到底升高多少。只有通过简单的税制改革才可能避免地球发生灾难性气候变化的危险。

但是，反对纳税的激进派似乎已经做好了抵制这场改革的准备。尽管激进派只是一小股势力，他们的口号颇具影响力，因而也带来了摧毁性的破坏。

拥堵税还城市一片蓝天

按照几乎完全相同的思路，我们也可以针对其他有害行为征税。比如说，当你驾车进入一条拥挤的道路时，就会延长他人到达目的地的时间，因而对他人有害。从 2003 年 2 月份开始，在周末进入伦敦中央城区的汽车每天需缴纳 14 美元的费用，自由主义者及其他信奉自由市场的保守主义者根本就无法解释这种收费。这种拥堵税的直接后果是，伦敦城区的交通量下降了 1/3，某些公共汽车路线行驶时经过的区域甚至减少了 1/2。此外，二氧化碳排放量减少 20%，构成伦敦城区大雾主要成分的灰尘颗粒及一氧化氮也大幅减少。

和前面提到的二氧化硫排放税一样，有些人缴纳拥堵税并继续在伦敦中央城区驾车。另一些人则会调整出行计划，改在非高峰期出行，或是选择搭乘公共汽车。减少拥挤和污染的总价值远远大于人们调整自身行为而支付的成本。而这些税收和收费则意味着，政府可以减少在其他方面的税收。如果我们一定要对某种行为征税，对有害行为征税显然要好于对有益行为征税。

2007 年，纽约市市长迈克尔·彭博（Michael Bloomberg）提出了一项类似建议，对周末进入曼哈顿南区 86 大街的驾车者收费。从早晨 6 点到下午 6 点期间，每辆轿车每天需缴纳 8 美元的费用，而对商用卡车的费用则是每天 21 美元。尽管市长提议带来的净收益与上述伦敦交通管制计划基本相同，但批判家们马上群起而攻之，指责这种提议是对穷人的歧视。例如，纽约市议员刘易斯·菲德尔认为，“那些能承受得起这笔钱的人可以来，而承受不起的人就不可以来”。

尽管市长的提议获得纽约市议会的暂时批准，但这些反对的声音最终还是说服阿尔巴尼的立法委员会否决了该提议。由于曼哈顿地区的过桥费和停车费非常高，因此本来就极少会有穷人开车进入曼哈顿，大多数人都采取公共交通工具。但是在极个别情况下，某些低收入者为了送孩子或者父母到医院看病，或是公事外出，才驾车进入城区。如果彭博市长对来自右翼势力的政治逆流少一点顾虑，他或许愿意修改一下自己的提议。比如说，对于在城区内工作的每一个低收入车主，每年可以发放10次免费的入城证（实际上，最有可能的结果就是，大多数免费入城证最终也可能会通过网站转卖给其他人），这就可以消除人们对这项提议的反对。

但是，任何此类修订都会招致自由主义者及其他信奉自由市场的保守主义者的狂轰滥炸。"政府无权对我征税，把我的钱送给穷人！"这种口号一直很有效。更常见的情况则是，它们的作用仅仅是为了阻挠让所有人生活更好的政策诉诸实践。

按重量征收的车辆税

穆勒的"伤害原则"还指出按重量征税的合理性。多年以来，购买运动型多用途汽车（SUV）的美国人呈持续上升趋势，许多人认为，这种汽车比普通轿车更安全。但真实的情况并不这么简单。在其他要素完全相同的条件下，在两辆汽车迎面相撞的时候，坐在较重汽车里的乘车者显然更有可能成为幸存者。

比如说，当一辆7 200磅（约合3.27吨）的福特"远足"(Excursion)汽车和一辆2 500磅（约合1.13吨）的本田"思域"(Civic)当头相撞时，你肯定更希望坐在福特汽车里。但是，由于重量较大和重心较高，尺寸巨大的SUV通常较难驾驶，这首先就让他们不太可能避开交通事故，而且在漫不经心地驾驶时更有可能发生翻滚。总之，和一般的小汽车驾驶者相比，SUV驾驶者反倒更不安全。

但是，如果说哪种类型的汽车给他人带来的危险更大，SUV绝对是无可争议的。汽车的自重越大，就越有可能伤害到其他汽车的乘车者。

和二氧化硫的例子一样，我们同样不能指望人们通过讨价还价，私下解决这个特别的外部性问题。如果政府面临的挑战是通过定义产权，尽可能模拟人们在讨价还价可行时一致达成的结果，那么最简单的方案就是按汽车重量征税。这项税收可以引导驾车者在选购车型时，必须考虑可能给其他人带来的威胁。但是按目前的安排，他们根本就没有动机考虑这些危险。实行这种税收的另一个优势在于，针对有益活动征税的现行税率可以更低。有人认为按重量对汽车征税会剥夺驾驶者本应享有的权利。

烟草税能减少烟民数量吗?

烟草税也可以减少吸烟给其他人带来的伤害。毫无异议，吸烟不仅有害于烟民本人，而且二手烟会给其他人带来更严重的伤害。预测某个人是否会养成吸烟习惯的最可靠指标，就是他身边朋友中有多少人吸烟。烟草公司的游说者总喜欢引用这个事实，就是为了支持提高烟草税不会减少吸烟比例的说法。

实际上，严重成瘾的成年烟民不太可能因为提高烟草税而戒烟。大多数烟民是在青少年时期开始吸烟的，由于他们的可支配收入有限，因此烟草税会对他们的决策产生更重要的影响。

更重要的是，同群效应的作用具有双重性。如果税收能抑制青少年吸烟，那么在青少年这个群体中，每个成员都处于同一个烟民比例较低的人群。而这又使更多的其他人放弃吸烟，导致这个群体的烟民比例更低。实际上，在烟草税提高时，烟民本人会感到更快乐。大多数烟民都想戒烟，而且他们似乎也能意识到，在一个烟民比例较低、香烟价格较高的环境里，他们的目标更有可能实现。而较高的税收则有助于创造出这样的环境。

烟民会给其他人带来伤害，这种伤害不仅包括强加给他人的二手烟，而且还有可能诱使他人成为烟民。一个没有烟草税的世界必然充满烟民。如果你的孩子在这样的环境里长大，他们就更有可能成为烟民，也更有可能患癌症，更有可能患肺气肿，更有可能得心脏病，更有可能死于室内火灾。

那么，为什么父母还让他们在这样的环境里，而不是在一个通过烟草税减少这种可能性，进而减少对有益活动征税的世界里成长呢？

酒品税的额外好处

有关酒品税的争论更复杂一点。与大多数烟民不同的是，大多数酒鬼在饮酒时并不会表现出明显的悔意，而且大多数酒鬼并不会比不饮酒的人更可能给他人造成伤害。在美国，饮酒带来的有害性后果几乎全部来自于酗酒最严重的40%人群。在这个群体中，许多成员对他人的伤害性是多方面的。他们可能会忽略家人的存在，对家人施暴，在交通事故中造成他人伤亡，在身体上侮辱别人等等。

反对征收酒品税的人往往会抱怨，长期严重酗酒者的行为并不会因此而受到影响，这与现有证据则相反。不可否认的是，即使在酗酒对他们的事业和婚姻造成严重伤害时，许多酗酒者依旧不会戒酒。这些人并不会仅仅因为酒品税而减少饮酒量。

正像经济学家一直强调的那样，选择的核心在于稀缺性。对于仅占据全部消费支出一小部分的商品，人们经常会对其价格上涨无动于衷。比如说，盐的价格上涨一倍，大多数人也不会减少盐食用量。但长期的严重酗酒者则会把收入的很大一部分用于购买酒，一部分原因在于他们的饮酒量太大，还有一部分原因则在于，大量酗酒会导致他们的收入下降。他们根本就承受不起酒类价格的大幅上涨。

在检验酒品税对酗酒者的影响时，最大的挑战在于销售数据不会告诉我们，到底是谁在买酒，谁在喝酒。经济学家菲利普·库克设计了一种极富想象力的方法，巧妙地规避了这个问题。他的策略基于如下这样一个事实：长期酗酒者不仅是大多数与饮酒有关的交通事故的罪魁祸首，而且也是因肝硬化而死亡的绝对主体。他的核心结论是：在一个州大幅提高酒品税之后，与饮酒相关的交通事故及肝硬化导致死亡的数量都出现了明显降低，但是在没有提高酒品税而其他条件相类似的州，却没有出现这种变化。尽管大多数患有肝病的严重酗酒者都知道，要恢复健康，最有把握的方法就是减少饮酒量，但这尚不足以改变他们的酗酒习惯。不过，还是有许多人会对价格激励做出迅速反应。

反对酒品税的另一个理由在于，通过惩罚绝大多数酗酒者来限制极少数严重酗酒者的行为，是不公平的。严重酗酒者消费绝大部分酒类这个事实则意味着，对酒类征收的任何税款都将不成比例地落在他们身上。由此形成的收入可以降低所得税率，且这笔税赋的减少足以补偿轻度和中度饮酒者缴纳的酒品税。

到此为止，本章所讨论的有害活动都为一个人的行为对他人造成伤害，且后者找不到可行的方式规避这种行为。比如说，作为一个驾驶者，即使你能始终保持足够的谨慎，仍有可能被一辆闯红灯的 SUV 撞到。这些例子涉及的行为都会对其他人造成直接的身体伤害。因此，这就像第 1 章所讨论的那样，即使按穆勒的“伤害原则”最严格的标准，对这些活动实施管制也合理合法。

对于第 5 章所讨论的许多消费行为，所造成的伤害都是受害者自己所难于规避的，这些行为通常不会带来直接的身体伤害。对许多自由派人士来说，与针对这些造成直接身体伤害的行为征税相比，对于因改变社会参照坐标导致的问题采取税收手段会让他们感到不舒服。但是第 12 章里，我将全力主张，身体伤害和非身体伤害之间的区分不应该是决定性的。真正的问题在于，规避他人行为负面结果的成本有多大。比如说，如果其他人通过大量借款在好校区买房，那么你就没有什么办法了。当然，你自己也可以借钱，并甘愿承担随之而来的金融风险，或是克制借钱的冲动，然后迫不得已地把孩子送到较差的学校。

摩托车手为何不戴头盔？

这里还有一个更具挑战性的例子：针对自行车和摩托车的头盔规则。我儿子 14 岁时，从自行车上摔下来，头部和肩部撞到地上，造成轻微脑震荡和锁骨骨折。负责治疗的急救医生告诉我，如果没戴头盔的话，他或许就没命了，因为头盔的右半部几乎被撞碎。

而我儿子戴头盔的主要原因就是纽约州有一项法律，要求所有 16 岁以下的人骑自行车时必须佩戴头盔。有些父母反对这项法律，认为规定孩子的安全标准是他们自己的责任，不是政府应该管的事情。

即使在我儿子受伤之前，我和其他许多父母都很感谢这条要求。许多男孩子把冒险当作彰显勇气的一种方式，因此在没有这项要求的情况下，那些戴头盔的男孩子经常会受到同龄人的嘲笑。在任何情况下，唯一可以肯定的就是，如果不实施强制戴头盔的规定，不管父母怎样劝说，几乎没有几个孩子会戴头盔。

纽约州对 16 岁以下青少年实行的头盔要求是否符合穆勒的“伤害原则”呢？或者说，是否能通过限制某些人的行为而防止这种行为给他人造成伤害呢？这项要求让许多孩子规避了伤害，这显然是不争的事实。如果没有这项规定，包括我儿子在内的许多孩子到今天或许已不在人世。除了他们自身生命的丧失之外，他们的父母及许多关心他们的人，同样会在心灵上遭受严重创伤。即使我们无法估计这种损失有多大，但任何人都不会怀疑，它们在数量和程度上都是巨大的。

因此，问题的关键是，通过头盔规定规避的严重身体伤害是否超过那些因被迫戴头盔而感受到的不适。

许多人即使在没有规定的前提下，也会佩戴头盔，并对此心存感激。因为他们发现，在几乎所有人都戴头盔的时候，不戴头盔反而显得不合时宜。出于同样的原因，还有许多人没有规定就不会戴头盔，当大多数人都戴头盔时，他们也会乐于接受这个规定。对这些人来说，这个规定不会带来任何伤害，就像戴头盔的规定不会给大多数冰球选手带来伤害一样。肯定会有少数人对这项规定感到恼火，对他们来说，这项规定给他们带来的伤害就必须与他们所能避免的伤害进行对比。

如第 7 章所述，要严格执行穆勒的“伤害原则”，就必须以合理的金额估计双方受到的伤害。纽约州立法机构之所以在没有事先估计情况下通过强制佩戴头盔法案，仅仅是因为大多数立法者认为，他所规避的伤害显而易见，而且其破坏性在价值上远超过他可能招致的伤害。

反对头盔规定的自由主义者最应该维护的观点是：对于被这项规定冒犯的人，他们所遭遇的痛苦要超过实施该规定所规避的痛苦。似乎没有几个自由主义者从这个角度阐述他们的主张。相反，他们似乎只是声称，不应通过强制性佩戴头盔规定，因为纽约州没有权利告诉人们如何生活。除非他们愿意彻底放弃穆勒的“伤害原则”，否则，他们根本就不会那样做。假如自由主义者有权阻止大多数人对孩子实施强制性佩戴头盔规定的期待，就相当于他们有权对这些孩子的父母和其他人实施侵害。他们凭什么就拥有这样的权利呢？

有一些自由主义者会认为这个例子不公平，政府当然有权针对这些孩子立法，因为他们毕竟缺乏对危险性行为做出审慎决策所需要的判断力和经验。现实证据表明，在一个孩子长大成人的过程中，没有任何事情能谈得上神奇。随着他们年龄的增加，鲁莽和肤浅、幼稚的盲目乐观以及在社会压力面前表现出的脆弱性可能会随之而去，即使对于大多数成年人，这些特性依旧是大量存在的。和孩子一样，一般成年人也会有许多人爱着他们，如果他受到严重伤害或是死亡，会让那些爱着他的人遭受痛苦。

在巴黎休假的那一年里，我和一位同事交流，她每天骑自行车上下班，即使需要45分钟的时间才能穿过一段交通拥挤区。自行车事故在巴黎很常见，但这个聪明美丽、心理成熟的女同事却从不戴头盔。我向她讲述了我儿子的事故，并敦促她戴头盔。就在她为自己辩解的时候，我用开玩笑的方式提了一个建议，她之所以不愿意戴头盔，是担心这样会让自己显得不时髦。她马上强烈反驳我的说法，这让我绝对相信，她确实不是为了时髦。但就在几个星期之后，她却羞答答地向我承认，她已经开始尝试周末外出时戴头盔了，只是不敢想象自己带着头盔出现在大家面前会是什么样子。这一点也不奇怪。在我的记忆中，我还想不到一个巴黎女性会整年都带着头盔，这确实会让人感到尴尬。

我同样不能想象法国人会通过一项要求摩托车驾车者必须佩戴头盔

的法律，尽管我也未曾想象到他们刚刚通过的禁止在酒吧和餐馆吸烟的法律。但接受穆勒“伤害原则”的自由主义者不可能反对这种法律，即使是施行于成年人的头盔法令，也是有道理的。由于社会环境会深刻地影响到个人决策，因此，要规避他人行为的影响在成本上极其高昂。不管我们是否实施强制性佩戴头盔的法律，某些人都会受到伤害。在这种情况下，我们的共同利益就是实现社会总伤害的最小化。

鉴于自由主义者的强烈反对，许多州已通过法律，要求成年摩托车驾驶者也必须佩戴头盔。现在，遭遇了这次自行车灾难的儿子也已经是成年人了。在公众针对这项法律展开的辩论中，他们经常会忽略掉其他更有力的策略。与人们因直接禁止而付出的代价相比，这种替代性方案则不会让人们承担更高的成本。

对于是否需要佩戴头盔，即使是成年人的决定，往往也会受全部人群中戴头盔者比例的影响。在一个戴头盔者寥寥无几的环境里，比如说上述巴黎同事所面对的环境，戴头盔的人可能会有一种不伦不类的感觉。但极少有人佩戴头盔的稳定环境肯定是存在的，尽管大多数人可能都喜欢他们及其他人戴头盔。此外，我们也知道不戴头盔很可能会导致严重的伤害，这种伤害不仅是针对受害者本人，还有许多关心他们的人。因此，必须佩戴头盔的要求所带来的伤害减少，完全可以抵消因这项规定给那些在任何环境下都不想戴头盔者带来的伤害。

自由主义者强烈反对这项规定。任何一个想戴头盔的人都可以不受拘束地佩戴头盔。戴头盔会显得与众不同，而且会让自己感到尴尬，这种感觉肯定会抑制某些人戴头盔。或许这些人应该再认真地思考一下，到底什么才是真正最重要的，并尽力克服对外界评价的顾虑。如果可以选择的方案就是强迫其他不想戴头盔的人必须佩戴头盔，那么他们也就无从选择了。但大多数人都不戴头盔的环境也会带来问题：除非其他人都戴头盔，否则他们就可以选择不戴头盔，但是从心里说，他们还是希望大多数人都佩戴头盔，当然也包括他们自己。

无条件的头盔法案并非是解决这个问题的唯一途径。我们还可以采取一种弹性的头盔规则，按照这种规定，任何人都可以缴纳适当费用购买一份豁免权证书。比如说，每年付费300美元，就可以从机动车辆管理局买到一张印花牌，并贴在摩托车的号码牌上，警察在看到这种印花牌的时候就知道，这辆摩托车的驾驶者有权豁免头盔法案的约束。

这种方法的基本思路完全等同于二氧化硫排放税。就像某些公司消除二氧化硫污染的成本高于其他公司一样，某些人必须佩戴头盔的成本同样高于其他人。就像二氧化硫的破坏性依赖于排放到大气中的总量一样，阻止人们不戴头盔的社会压力取决于其他不戴头盔驾驶者的比例。而且在每一种情况下，有效的解决方案就是让那些可以最轻易调整行为的人采取必要的补救措施。就像对二氧化硫征税可以引导企业采取最清洁的生产技术，对不戴头盔者征税则有利于鼓励对佩戴头盔最不反感的人佩戴头盔。

如果自由主义者仍旧对这种税收感到不自在，那么他们可以换一个角度思考：这种税收不仅可以减少伤害，而且可以增加收入，并将这些收入用于有益的公共服务。这样可以下调针对有益活动征收的税率。对不戴头盔征税意味着，我们或许可以下调工资税，或所得税。

我们正在“滑波”上坠落

下面的例子或许是近年来最具争议性的税收提案，我希望通过这个例子得出一些结论。这些提案的内容就是对含糖软饮料征税，含糖饮料是导致肥胖症的重要致病因素之一。不顾自由主义者及其他理论的极力反对，华盛顿市刚刚通过立法推行了这项税收。在寻求为奥巴马的健康医疗改革法案提高资金支持的时候，参议院财政委员会（Senate Finance Committee）就曾探讨过类似的提案，最终遭到否决。因为急于弥补不断膨胀的纽约州财政赤字，纽约州前州长大卫·帕特森也曾提出过这样的税收。

反对征收含糖软饮料税的人认为，这种税收无异于“保姆式”国家对公民生活的粗暴干涉。在这里，他们引用的例证不同于为批判对有害他人行为征税时提出的例证。因过度饮用高果糖浆碳酸饮料而导致肥胖的人，更有可能患有糖尿病和心脏病，也更有可能导致足部截肢。当然，过度摄入高果糖浆所带来的疾病都属于公费医疗的覆盖范围。不过，对于这些碳酸饮料饮用者来说，即使不会发生上述意外，他们在正常寿命终结时也要花掉一笔医疗费。正像许多经济学家所指出的那样，实际上，夭折等过早死亡现象为政府的社会保险计划节约了几十亿美元的开支。

总之，相比于对直接伤害他人行为的征税而言，对高果糖浆碳酸饮料征税更接近于家长式管理。但毫无疑问的是，碳酸饮料税会以取悦许多纳税人的方式改变人们的行为。

在驳斥碳酸饮料税时，经济学家格里高利·曼昆曾担心，这样的税收有可能引发一系列“滑坡”谬误（Slippery Slope，在每个推断还有许多可能性的时候，将某个可能性转化为必然性，并根据它们之间不稳定的因果关系，推断出另一个毫无关联的结果。——译者注）。于是，他指出，“碳酸饮料税可能鼓励生产更有营养的饮料，从而有益于人体健康。但我们也可以对糖果、冰激凌和油炸食品征税，用于为花椰菜、健身俱乐部会员证提供补贴。而后，对愚蠢的电视节目征税并用于对严肃文学进行补贴这样的事情也就为期不远了”。

这显然是一个值得关注的问题。但我们却不得不在这个“滑坡”上继续堕落。我们还只能把这些问题扔在一边，直到我们别无选择的那一天为止。如前所述，过度饮用含有高果糖浆的碳酸饮料最终会带来非常严重的伤害。只要我们继续对储蓄、就业创造及其他有益性活动征税，我们就有足够的理由，以针对有害活动的税收取代这些针对有益活动的税收。

第12章

福利政府

经济蛋糕做大，每人分得更多

The Libertarian's Objections Reconsidered

现实生活中的交易成本，抹杀了人们一个又一个的梦想；

一个声称自由高于一切的社会，对此如何解释？就连"教父"科斯的话，他们都觉得不中听。

难道在一个自由主义社会里，每个人真的都可以拥有他想要的一切吗？

不同的人对美好生活的畅想也不同。几乎每个人都渴望自主和自治，但自由主义者显然比大多数人更关注这种权利。即使是最坚定的自由主义者，也会为了实现某些价值而牺牲对另一些价值的追求。比如说，假如你是一个为了获得薪水而工作的雇员，那么你就必须遵循其他某个人的安排，做许多你不喜欢做的事情。即使你自己就是企业主，你的时间也不可能完全由自己掌握。但你可以接受这个现实，因为你因此而得到的收入，可以让你去实现更多有价值的目标。

总之，绝对自由是一个永远都可望而不可即的理想。和其他人一样，自由主义者面对的挑战，同样是如何在现实框架内实现最有价值的目标。

缴纳一种税款（包括任何种类的税收）的直接结果，就是减少你的自主权，你就不能用这笔钱去做自己想做的其他事。但并不是说，税收一定会减少你的全部目标组合的总价值。这个总价值是否会因税收而减少，最终取决于征税者和你用相同金额所购买的物品价值孰大孰小。尽管“这是你们自己的钱”听起来合情合理，但事实却并非如此，许多公共服务可以为我们带来更大的价值。在前面几章里已经看到，通过对弊大于利的活动征税来抑制这些活动，本身就是收益的增加。

本章的目的就是要探讨这样一个问题：**在政府对个人自主权实施限制时，哪种限制措施是理性自由主义者愿意接受的？**在这里，我所说的“理性的自由主义者”，是指极力推崇个人自主，并根据是否有助于实现其目标的原则对现有选择进行排序的人。这些目标的具体内涵是什么并不重要。例如，一个自由主义者的唯一目标或许就是尽可能多地消费，或是积累尽可能多的财富。他也可能想帮助其他需要帮助的人、成为一个佛教徒，或者从政。一个具体的问题就是：“如果有多个选择的话，一个理性自由主义者会选择加入哪个社会？”

“理性”这个标准很重要。有些人可能会拒绝最有利于实现其目标的安排，因为他们认为这些安排违背了某些抽象原则。我在本章里提出的观点并不是为了说服这些人。但我相信，他们应该能说服这些理性自由主义者认识到：最适于实现其目标的社会制度，要比他们所想象的更接近于现代福利国家的社会制度。

外部性是一把双刃剑

我们在第 6 章详细讨论过经济学家罗纳德·科斯的理论框架，他的理论为我们认识这些问题提供了一种有效方法。在这里，我们不妨再简单扼要地回顾一下科斯定理。科斯指出，任何对他人造成伤害的行为在本质上都具有相互性。比如说，在接下来所举的例子中，汤姆在吸烟时吐出的烟雾会影响萨姆，但是在大多数情况下，伤害萨姆绝不是汤姆的本意。然而，如果我们禁止汤姆在吸烟时吐出烟雾，就会让汤姆受到伤害。对此，科斯提出了一个具有革命性的观点：让双方遭受的总伤害最小化，是汤姆和萨姆的共同利益所在。

如第 6 章所述，通过对科斯理论的深入研究，我们可以发现，由于现实约束的存在，往往会导致当事人无法通过讨价还价找到解决外部性问题。在他的分析中，如果不存在讨价还价的成本，不存在订立和履行契约的成本，也不存在其他可能阻止人们讨论如何解决问题的障碍，会发生怎样的情况？

科斯指出，在这种情况下人们往往采取有效的解决方案。例如，如果汤姆消除烟雾的成本小于烟雾对萨姆造成的伤害，那么就应该由汤姆主动消除烟雾，而不管法律是不是要求他一定要这样做。如果法律不要求汤姆对此承担责任，他就可以不受任何惩罚地继续污染环境。我们当然不希望上述情形发生。此时，由萨姆向汤姆支付费用，让汤姆消除烟雾对萨姆的影响，也符合萨姆的利益。

换一种情况，如果萨姆通过移动到逆风位置而躲避烟雾侵害的成本更小，那么萨姆就应该改变位置。如果法律要求汤姆对此承担责任，萨姆就可以留在原地，并因受到的伤害而接受补偿。但是在这种情况下，成本更低的解决方案是由汤姆向萨姆付费，并让萨姆改变位置。

这里最关键的问题在于，如果不能通过讨价还价独立达成最有效的解决方案，就会让每一方的情况更糟糕。科斯理论直指效率和自由之间被人们低估的关联性。而这种关联性非常重要，因此厘清两者之间的这种关系，会有助于我们了解：**如果不能有效解决因伤害他人的行为带来的所有问题，那么个人自主权就会因此而打折。**

我们可以通过一个简单的例子说明，为什么一定要这样做，并在这个过程中澄清这对有效解决问题意味着什么。

合租省钱但不能吸烟，划算吗？

假设汤姆和萨姆都考虑是否应合租一套月租为 3 000 美元的两室公寓。他们的另一个选择就是分别租住一套月租为 2 000 美元的单身公寓。汤姆喜欢吸烟，而萨姆则不喜欢被烟熏，除此之外，他们对这两个方案没有任何异议。如果他们分别租住单身公寓，就不会遇到这个问题。因此，问题的关键就在于，合租而节约的租金是否足够补偿吸烟带来的危害。

我首先需要知道汤姆对吸烟的偏好以及萨姆对生活在无烟环境下的偏好有多强烈。我们在第 7 章里讨论过，评估这种偏好的最有效的标准，就是他们为满足这种偏好愿意付出的成本。

可以假设，汤姆为了不被限制在家里吸烟而愿意每月拿出800美元。而萨姆愿意为了生活在一个无烟环境里每月拿出1 600美元。为简单起见，我们只按固定金额作为两个人的评价标准，而不考虑汤姆可能会为了获得额外补偿而放弃吸烟的可能性。

此时，这两个人都面临着一个相同的成本收益问题。通过分享同一套两室公寓，两个人的总月租为3 000美元，这比他们分别选择单身公寓的总月租少了1 000美元。因此，他们住在一起的总收益为1 000美元。在家里吸烟对汤姆所具有的价值为每月800美元，但是给萨姆造成的伤害则相当于每月1 600美元，如果他们居住在一起，最有效的解决方案就是汤姆不在家里吸烟。汤姆做出这个改变的成本为每月800美元，即是他为了继续抽烟而愿意付出的代价。于是，共同住在一起的成本为每月800美元。

由于住在一起的收益为每月1 000美元，而每月的成本仅为800美元，只要他们能达成协议，约定汤姆不在家里吸烟，那么他们每月就可以得到额外200美元的经济剩余。如果两个人决定平均分配这笔剩余，并平均分摊房租的话，那么，每个人每月最终都可以比单独租房时节约100美元。

在不考虑吸烟问题的情况下，由于萨姆对合住和单独居住的感受无差别，因此，如果他每月分担的房租为1 900美元，和选择无烟的单身公寓相比，选择合租可以节约100美元。对汤姆来说，如果他分担的房租为1 100美元，选择合租同样可以为他节约100美元。尽管和选择单身公寓相比，选择合租可以为他节约900美元，但他还需要800美元的储蓄，以补偿他不能在家吸烟的损失。

根据第7章的讨论，通常情况下，上述价值的确定在一定程度上取决于当事人的收入水平。在这个例子中，萨姆为避免被烟熏所愿意支付的价格比汤姆为了能在家里继续抽烟而愿意支付的价格高，因为萨姆的收入高于汤姆。左派批判家们经常反对采用成本－收益分析法，因为这个方法使用的估值取决于人们的支付能力。他们会问，富人为什么就可以凭借这一点而占据优势呢？答案在于，**如果按支付意愿衡量成本和收益，参与者本人就可以获得对自己最有利的结果，而采用其他估值标准则会彻底终止双方原本想继续下去的交易。**

例如，假设一个独裁者命令，在考虑汤姆和萨姆这类决策中，收入差异基础上的支付意愿差异忽略不计。如果法律要求两个人必须平均分担一套两室公寓的房租，那么，汤姆最初就不会同意和萨姆住在一起。他宁愿每月花 2 000 美元单独居住，也不会选择每月花 1 500 美元住在一个自己不能抽烟的两室公寓。

根据上述约定的条款，合租一套两室公寓显然可以为每个人带来明显的收益。讨论这些条款是否侵犯某个人的利益没有意义。每个人都有权选择独居，因此两个人都可以按照自己的意愿规避自己不喜欢的安排。在这种情况下，汤姆抱怨自己不能在家里抽烟就没有任何意义。这的确是事实，但他也因为这个事实而得到了补偿，每月节约租金 900 美元。

同样，萨姆也没有理由抱怨自己需要在房租中多承担一点。要让两个人住在一起的安排更有价值，汤姆就必须放弃对自己有价值的事情，如果萨姆在房租中分担的比例太小，汤姆根本就不会同意合住在一起。

与他们所能作出的其他选择相比，通过妥协而合作的安排可以为两个人创造最大程度的自由。自由的内涵就在于能按自己的意愿行事。住在一起这个安排并不要求萨姆放弃自己认为有价值的东西。因为口袋里又多出 100 美元，他可以做的事情又增加许多。

在表面上看，汤姆同意不在家里抽烟是一种很大的牺牲。但他也得到了自己认为更有价值的东西，即每月又多出 900 美元可以自由支配。尽管他不能在公寓内吸烟，但他可以做比吸烟更重要的事情。因此，汤姆同样喜欢更大的自由度。

通过这个例子，我想阐述的观点是，为有害性行为所造成的问题找到最有效的解决方案，符合每位当事人的利益。这个问题具体是什么并不重要，既可以是吸烟，也可以是噪声，还可以是父母为了把孩子送到好学校而展开的“军备竞赛”。谁是主角同样也不重要，他们可以是共和党人、民主党人、天主教徒、新教徒、高中辍学者、大学毕业生、理性自由主义者或者“茶党”成员。

上述讨论的例子无非是强调科斯提出的一个重要概念：外部性是相互的。想在家里抽烟的汤姆并不是行凶者，想生活在无烟环境里的萨姆也不是受害者。两个人面临着同一个只有以最低成本解决才符合各自利益的问题。如果不能以最有效的方法解决共同面临的问题，他们就有可能重新安排，可以让每个人都拥有优于原来的一系列新方案。总之，就是让每个人都有更多的自由度。当然，效率永远是自由最大化的前提。

再回到洪水过后的社会

从这个基本原则出发，我们不妨再探讨几个理性自由主义者可能愿意接受的管制案例。敏锐的读者或许已经注意到，上面提到的合租公寓案例类似于第 8 章所讨论的社会组建问题。和前面的练习一样，我们再次假设你和其他 999 个人刚刚走出一艘大船，在此之前，一场大洪水摧毁了现有的全部社会安排。你的任务依旧是组建一个新的社会，开始新的文明。

在这个练习中，基本场景的设计同样最有利于高度关心个人自主的人。最重要的是，成员自愿加入不同的新社会。任何人都不会违背你的意愿，让你加入他们的社会，而且在每个社会中，所有规范都是由社会全体成员通过一致同意的立法程序创建。

作为一个理性自由主义者，你和其他 999 个人都代表着一个随机样本，每个人的天赋和性格都服从随机分布定律。你和其他极少数人在追求自主权方面，都处于整个分布的一个极端位置。在性格方面，你们是一批极端的自由主义者，但并不是空想家。如果你选择加入一个限制行动自由的社会，那完全是因为你认为接受这些约束符合自己的利益。

和以前一样，每个新组建的社会都有资格在洪水后留下的土地及其他财产中按比例分得一部分。譬如，如果一个社会由 100 个人组成，这 100 个人占世界人口的 10%，因此可以在现有土地和其他财产中拥有 10% 的份额。这些财产在社会成员中如何分配则由这个社会独立决定。他们可以平均分配，让每个成员都得到相同的一份，也可以按照各自设立的分配原则进行分配。也可以先组建一个社会，然后由这个社会永久性地共同掌握这些财产。总之，这些方案都是可以自由选择的。

天赋和性格是可观察的属性，因此你完全了解所在社会内的其他成员。一旦你和其他人同意组建一个社会，你就可以在自身努力和能力允许范围内获得财产，但无论如何，你必须遵守这个社会已采纳的规则。

如第 8 章所述，所有重大成果都依赖于其他社会成员的身份。例如，如果你的社会中的大多数人属于高效者，那么，你的社会就能比仅由低效成员组成的社会得到更多、更好的公共物品。但也有不利的一面，这会让你在争取“位置性”商品时处于劣势。比如说，在任何一个社会里，只有较少数观景房，如果大多数人都认为观景房更有吸引力，如果你是这个社会中效率较低的成员，你就不太可能得到观景房。

我在第 8 章里指出过，这样的考虑仅是促使人们赞成在税收体系中体现一定程度累进性的因素之一。如果一个理性自由主义者想和其他低效成员组建一个社会，因而在竞争位置性商品方面占据优势，那么其他人或许就会要求通过税收机制得到补偿。于是，这个自由主义者就要决定，接受这样的条件是否值得。

鉴于计划经济在这方面的固有缺陷，这个练习的参与者很有可能同意，把大多数商品和服务交由私人市场提供。就像我们在第 9 章里看到的那样，在竞争性市场中，收入预期本身就是不确定的。而天赋或业绩的细微差异，再加上貌似毫无意义的随机性事件，却常常造就市场回报的巨大反差。

考虑到这样的现实，即使自由主义者也会希望以某种形式的社会保障体系作为市场化收入分配制度的补充。一旦成员对社会制度及治理规则达成一致，他们就可以按自己的意愿自由消费。

在上面这个练习中，至少有一个重要方面明显不同于道德哲学家约翰·罗尔斯（John Rawls）提出的著名的思想实验。在罗尔斯的实验中，他让读者想象自己站在一扇“无知之幕”（Veil of ignorance）后面，他们无从知晓自己的天赋和性格到底是怎样的。他认为，站在这个“无知之幕”后面选择的分布规律可以假定是公平的，因为人们不知道哪种制度会有利于自己。

罗尔斯又指出，对于在这种环境下选择的制度，只在有利于提高社会最贫穷成员的收入时，才允许收入不均的存在。尽管其他人对此会提出异议：站在这个“无知之幕”后面的大多数人，都会容忍更大的不公平性，但有一点还是得到了普遍认可：罗尔斯的思想实验为采取激进措施限制社会不公现象提供了强有力的依据。

或许有人会说，我提出的这个练习本身就是不公平的，因为人们事先知道自己的天赋水平，因而有能力将天赋较差的成员排除在竞争范围以外。但是和罗尔斯实验不同的是，我的实验目的并不在于描述公平社会到底应该是怎样的，而是描述一个理性自由主义者会选择哪种社会。我并没有说过，社会构建的原则就是服从于理性自由主义者的希望。我说的是，这样的社会和现代福利国家有着惊人的相似之处。

安·兰德(Ayn Rand)的小说《阿特拉斯耸耸肩》(*Atlas Shrugged*)中，主人公约翰·高尔特是否自愿加入这样一个社会呢？兰德说，她之所以写这部小说，是为了说明世界是多么迫切地需要梦想家，而世界对待这些梦想家又是多么地充满敌意。但是在我设计的练习中，则把自由主义者信奉的市场力量放在非常有利的位置。约翰·高尔特没有任何理由担心遭到敌意的对待。尽管这个实验早已经做了明显有利于高尔特的设计，但是他赋予高尔特的力量在本质上还是防御性的。他不可能完全规避其他人强加给自己的不利条件，但他却不能把有利于自己的条件强加给他人。

自由主义者，缴税吧

在最开始的时候，一个理性的自由主义者会不假思索地撇弃极端自由主义者的观点：一切税收都是偷窃。除国防之外，还有许多物品是私人部门所无法生产的，或者至少不能有效生产。私人高速公路在某些环境下是经济可行的，但是在每个交通拥挤的市区路口设置收费亭对私人来说就不可行。在这种情况下，由政府通过税收修建和维护道路更加有效。理性自由主义者同样会接受这样一个事实：**税收必然是强制性的。如果自愿纳税，根本就不可能提供必要公共物品和服务。**

在这个练习中，让理性自由主义者妥协的最有说服力的理由，就是大量提供公共物品与消费本身具有优势。就像第 8 章所讨论的那样，许多公共物品的一个共同特征在于，他们必须按相同的数量和质量向所有公民提供。共享这种公共物品成本的人数越多，对每个人而言就越便宜。因此，一个理性自由主义者同样会选择与社会中的其他人合作，即使他知道，这些人偏好的公共物品与服务的组合与自己不同。这里就会出现一个对他不利的问题：他不得不为了支持某些自己并不喜欢的公共物品而纳税。但是，对于他想得到的公共物品，同样会有许多人和他一起分担成本，而这又会减少他的税赋。

约翰·高尔特与志趣相投者或许会憧憬着一个完全由他们这样的梦想家组建的社会，在这个社会里，他们不需要作出任何妥协和退让。只要稍微动动脑筋，他们肯定会改变想法。在这样的社会里，熨衬衫的工作由谁来做呢？当他们的房子失火时，谁来负责救火呢？谁来负责收集垃圾呢？因为在这样的社会里，把很大一部分时间花费在这些没有梦想的工作上，对他们来说，就是自主权的巨大牺牲。

亚当·斯密最深邃的思想在于，当我们对任务进行分解并以专业化方式完成这些任务时，社会财富就会出现爆炸式增长。比如说，我们可以看看《国富论》中被引用最多的一个例子，它告诉我们，在 18 世纪的一家苏格兰制针作坊中，专业分工如何让生产效率提高了几百倍：

一个人抽铁线，另一个人拉直，第3个人将铁线截断，第4个人削尖铁线的一端，第5个人磨平另一端，以便装上圆头；要做出圆头还需要有两三道不同的工序……我亲眼见过一个这样的小作坊，只雇用10个工人……如果努力工作的话，他们一天也能做出12磅的针。如果每磅中等针有4 000枚，这10个工人每天就可生产48 000枚针，1人1日可生产4 800枚针。

如果他们各自独立工作，不专习一种特殊业务，不论是谁，绝对不能1日制造20枚针，说不定一天连1枚针也制造不出来。

但斯密也认识到，只有在人口密度达到一定程度的情况下，才有可能充分利用这种专业分工的优势。于是，他又写道：

分工起因于交换能力，而分工的程度总要受交换能力大小的限制。换言之，要受市场广狭的限制。市场要是过小，那就不能鼓励人们终生专务一业。荒凉的苏格兰高地小乡村的农夫，不得不为自己的家庭兼充屠户、烙面师乃至酿酒人。在那种地方，要在20英里（约合32.19公里）内找到2个铁匠、木匠或泥水匠，也不容易。

离工匠至少有8英里（约合12.87公里）之遥的零星散居人家，只好亲自动手做许多事情；在人口众多的地方，那些小事情一定会雇请专业工人帮忙。农村木匠要制造一切木制的物品；农村铁匠要制作一切铁制的物品。农村木匠不仅是木匠，同时又是细工木匠、家具师、雕刻师、车轮制造者、耕犁制造者，乃至二轮四轮运货车制造者。

因此，我完全有理由认为，在这个练习中同意组建新社会的1 000人当中，自由主义者仅仅是其中的一小部分。即使参与练习的人数非常之大，但如果不愿意加入一个包括异己者的社会，约翰·高尔特依旧会屈尊加入一个非常小的社会。除非我们愿意放弃亚当·斯密关于劳动分工与专业化是经济繁荣之根基的说法，否则我们就只能得出这样的结论：**一个仅由坚定自由主义者构成的社会，同时也是一个非常贫穷的社会，至少与大得多的社会相比是这样的。**

基于这个事实，我们假设，约翰·高尔特需要决定是否加入一个社会，该社会成员在其他所有方面均与自己持相同观点，唯有对下面这个问题持不同看法，即是否需要采取强制性的储蓄计划。该群体准备将所得税率提高 10%，并将因此形成的额外收入存入每个居民的储蓄账户，且这笔储蓄只能在退休之后使用。他们之所以赞成这个计划，不仅是因为他们相信自己不是非理性者，也不是因为他们不想让自由主义者的生活更艰难。相反，他们之所以需要这项计划，是因为他们相信，有了这个计划，为争夺好学校所在社区的房子而展开的位置性“军备竞赛”将有所缓和。

正像我们反复提到的那样，好学校同样也是一个相对性概念。它只是在相同环境下好于其他学校的一所学校。尽管大多数父母都想把自己的孩子送到这样的学校，但是在任何时刻，都只能有 50% 的学生可以进入质量排在前 50% 的学校，而不管父母愿意为购买好学校所在地区的房子出价多少。

最终的结果就是让年轻父母们面临两难选择。他们要么在年轻时尽量储蓄，以便于能在退休后能过上体面生活；要么选择用大部分储蓄到好校区争夺一座房子。像前面讨论的那样，这里的问题同样在于，当所有人都拿出储蓄不遗余力地去竞争好校区的房子时，最终的结果只是抬高这些房子的价格。社会缓解这个问题的方法就是：把一部分当期收入存入储蓄账户，而且在退休之前不得动用。

我们再假设，约翰·高尔特及其自由主义同伴们对这个提议的基本思想感到很恼火。他们把科斯的外部性具有相互性的观点抛在一边，然后质问：“政府有什么权利强迫我们储蓄？”但其他人却并不为这些声音所动，并斩钉截铁地宣称，无论有无自由主义者的支持，他们都将义无反顾地按计划行事。我猜想，高尔特及其朋友再也找不到其他反对这个提议的社会作为自己的归宿了。此时，他们要么选择单独组建一个小社会，在这个社会里，他们可以保留独立决定每个月有多少可以用于储蓄的权利；或是加入一个更大的社会，每个月必须至少拿出一定金额的钱用于储蓄。

如果加入更大的社会，他们就能和更多的人分摊公共物品和公共服务的成本。此外，强制性储蓄税也不同于其他税种，因为这笔钱将投资于以他们自己为受益人的账户。在退休时，他们不仅能收回之前缴纳的每一分钱，还包括在此期间累积起来的复利利息。由于实现了更精细的分工和专业化，他们还能享受到更高的税前收入。几乎可以肯定的是，在较大社会里，他们的税前收入将大幅提高。如果周薪在扣除储蓄税及其他税收后的净额在加入较大社会后更大，那么有什么理由能说明理性的人不会这么做呢？

难道是为了保卫他们的自治权吗？这的确是一个让人费解的自治权概念。如果他们在较大社会里的可支配收入较高，即使不考虑他们在退休时拿到强制性储蓄存款这个事实，而且又没有附加限制，那么，他们在较大社会里拥有自治权实际上也更多。

理性人选择最近的路，直达目标

如果唯一的分歧就是这个大群体对工作安全性进行管制，上述逻辑同样适用。高尔特和他的朋友们或许会指出，这种管制剥夺了他们独立决定的权利，为了获得更高薪水而接受额外风险。确实如此，但这个大群体并不喜欢这些约束，因为他们无所不知，而且又爱管闲事；他们之所以要实施这些管制，源于最原始的达尔文式冲突，即面对危险性选择，个体动机与集体动机之间存在冲突。如第 3 章所述，由于安全设备需要花钱，因此危险工作的工资也较高。如果某些工人接受较危险的工作，他们就可以提高在好校区买房子的能力，从个体角度看，这笔买卖对他们来说非常划得来。但是在所有人都采取相同的策略时，他们所期待的结果就不可能变为现实了。因为在人们倾尽全部储蓄时，最终的结果必然是抬高好校区房子的价格。

高尔特和他的朋友们始终将信将疑。但事实依旧是，赞成安全管制者的比例远远高于反对安全管制者的人。由于规模较大的社会可以实现较高水平的劳动分工及专业化，而且可以在更大范围内分摊公共物品的成本，我们可以想象，在未执行安全管制的小规模社会里，较危险工作的税后工资应该高于大规模社会里较安全工作的税后工资。

高尔特和他的朋友们或许仍旧拒绝加入，并声称自主权的重要性高于一切。但这样做就会暴露他们的非理性。任何一个认为自主权高于一切的理性人，都不会选择一个严重削弱其自主权的方案。在一个更大的社会里，较安全工作并不会减少他们对自主应对危险事故的权利；与此同时，在一个较大社会里，较高的税收收入将以无数的方式扩大他们可以选择的方案。他们可以选择更多的度假目的地，可以选择更多的就餐地点，可以选择每周工作更少的时间，可以选择提前退休等等。

哲学和经济学对理性的定义存在着诸多对立因素。但都要求一个理性人选择现有的最有效的方式实现其目标。如果高尔特和他的朋友们不愿意在储蓄或是安全等问题上屈服于绝大多数人的立场，而接受较低的自主权，那么我们只能得到一个非此即彼的结论：他们要么是非理性的，要么就是并不像他们所说的那样真正重视自主权。

把经济蛋糕做得再大些

作为阐述自由主义立场的经典理论，在《无政府、国家与乌托邦》（*Anarchy, State, and Utopia*）一书中，罗伯特·诺齐克（Robert Nozick）在开篇语中指出："人拥有权利。"尽管许多自由主义者反对，我仍然想说明，绝大多数人有践踏极少数人的权利。一般而言，大多数人确实拥有这样的权利。正是为了防止滥用这种权利，所有成功的人类文明才鼎力维护大多数人的个人权利。例如，没有国家允许任何人有权杀人，偷窃其他人的汽车，或者禁止他们投票选举。许多社会赋予公民以宽容的公开言论权，尽管许多人的言论可能会严重触犯大多数人的利益。大多数人做自己想做的事，并不一定会侵犯他人的权利。

管制也需要依据。任何国家都不会将储蓄管制视为违反宪法的行为。也没有国家会把安全管制确认为违宪行为。如果自由主义者坚持人有权免于这种管制，他们就必须承担起解释这些权利从何而来的责任。

不管以何种方式解决这些争议性问题，总会有人因此而受到伤害。以储蓄为例，拒绝管制就意味着许多人将在退休后没有足够的储蓄。但如果我们对储蓄实施管制，有些人就不得不把超过意愿的收入用于储蓄。对于工作安全性而言，拒绝管制意味着某些人被迫接受极端危险的工作，如果实施管制的话，某些人就不得不购买超过其意愿的安全度。如果自由主义者坚持认为，在上述两种情况下，对后者人群的关注应优先于前者，那么，他们就必须解释为什么这样做。

在一个社会里，如果其他人赞成的规则恰好是你不喜欢的，此时，决定是否加入这个社会的方式，显然不同于决定是否与烟民共享一套公寓的方式。基于当前的讨论，上述决策过程都拥有两个共性的基本要素。

首先，规模经济的重要性。无论是对于一套公寓还是一个社会，与他人分享一个空间往往需要妥协，但由此而节约的成本则可以让我们心悦诚服地接受这种妥协。

其次，在上述两个例子中，以货币衡量的解决方案为我们确定限制破坏性的最有效方式提供了一个共性标准。正像第 7 章所讨论的那样，这些价值标准在一定程度取决于当事人的收入水平。在既定收入情况下，就应该以价值标准衡量各自的偏好。如前所述，如果使用其他任何价值标准，就有可能排除所有当事人都希望继续进行的交易。

有些自由主义者认为，科斯理论强调的成本－收益分析并不一定适合人类权利的所有问题。但我们讨论的并不是所有与人类权利有关的问题。我们只是在讨论日常性的公共政策决策，这些决策仅对生命周期内的日常消费产生有限影响。

在人的漫长一生中，每个人都有受到数以万计决策的影响。只采取收益超过成本的行为，并不能保证每个人都能从已实施政策中获得净收益。每一次决策都会造就新的赢家和输家。

但如果以成本－收益原则作为决策规则，在长期框架内，每个人最终都将成为赢家。这就像进行几千次对你有利的掷硬币赌博：正面赢 4 美元，背面输 3 美元。假如硬币的两面完全无差别，而且你可以掷几千次，那么，你注定会赢钱。

如果把成本－收益原则作为社会决策规则的话，是否总有人受到不公正的歧视呢？成本和收益以支付意愿为衡量尺度，高收入偏好者往往倾向于获得较大的权重，因为高收入者通常愿意为自己的偏好支付较高价格。如果他们的偏好与其他人的偏好严重不对称，就会带来问题，而且这种不对称性在许多情况下是不可避免的。

正像第 7 章所讨论的那样，如果低收入者没有能力拒绝成本－收益原则，就像他们在上述练习中会拒绝加入一个采取这种原则的社会一样，最好的选择或许就是接受现实，以换取额外的财富转移。由于拥有规模更大、更多样化的社会有助于最大程度提高劳动力的分工和专业化协作，因此这种让步也符合其他人的利益。不过，一旦讨价还价受到限制，支付意愿就成为权衡不同方案的基本尺度。

归根到底，如果一种社会规则不能让整个经济蛋糕越做越大，就会破坏增强每个公民自主权的机会。另一方面，当经济蛋糕更大时，每个人可能分得更大的一份，这又意味着他们可以做更多事情。

因此，自由主义者应有足够理由组建更大的联盟，而不是一意孤行将不同意见者排斥在外。这样做的优点在于，人均收入将显著高于仅由自由主义者创建小联盟时可能达到的水平。就像上面讨论的强制储蓄和安全管制，为了组建这个多政见联盟，他们就必须接受相应的规则，而这些规则可能会禁止某种选择，或是让这些选择的成本更高。但他们也会因此而获得新的选择，如果新选择相对于旧选择具有更大的价值，这对上述的储蓄和工作安全例子来说几乎是必然的，那么自由主义者拒绝加入这个联盟显然是非理性的。

当然，人们不可能任意组建一个适合自己的新社会。在现实中，每个人都出生于既定的现有社会，组建一个新社会必将遇到不可估量的障碍。因此，我们所熟知的生活就像是科斯理论中描述的第二种情况：由于交易成本的存在，个人以讨价还价方式解决外部性问题不可行。科斯认为，在这种情况下，社会应通过界定产权，通过新的制度安排，引导当事人采取在讨价还价可行时所能达成的解决方案。

在这里，科斯的理论再次强调效率的重要性。据此，如果一个群体想对工作安全性实行管制，而另一个群体则不希望这样做，那么就应该通过比较双方为坚持己方选择所愿意支付的价格，来解决这个问题。

安全管制对低收入工人的影响尤其大。对于约翰·高尔特这样的自由派梦想家来说，其工作安全性显然不是被管制者所能比拟的。理性自由主义者为规避安全管制所愿意付出的代价应该非常有限。由于赞成安全管制的工人数量必定远多于反对管制的自由主义者，因而几乎可以肯定的是，按成本－收益分析的结果必然有利于安全管制。

自由主义者或许会提出这样的指责：安全管制侵犯了他们独立决定安全购买量的权利。维护这种权利就意味着否定其他人强行限制可承受危险性的权利。因此，自由主义者必须解释，为什么维护第一种权利比维护第二种权利更重要。

假如理性自由主义者选择加入一个支持安全管制且交易成本为零的较大社会，那么他们可能会怎样坚持安全管制剥夺其基本权利的观点呢？生活在交易成本很大的世界里，就意味着某个群体注定无法得到自己想得到的东西。

此时，自由主义者会以什么依据来解释应由较大社会做出妥协呢？一个声称自由高于一切的群体，会如何解释一种在所有人都可享受在完全自由选择环境下所无法获得的结果呢？与科斯理论相比，是否有可能存在其他权利思维让自由主义者感到更中听呢？这种理论框架会是什么呢？难道是宗教经典吗？如果是的话，到底又是哪一部呢？

好政府可以培养出来

一个认真思考古典自由主义立场的理性自由主义者会发现，他们难以为自己的观点找到理由。我思考过每一个古典的自由主义假设：市场完全竞争，消费者在本质上是理性的，以及政府在防止不当侵害他人行为以外的任何领域均可不加限制。

但是在这一系列特征中，我补充了唯一一个现实性要素，同时也是一个最毫无争议的要素，即生活中的许多重要方面服从于曲线分布。正是这个观点，才导致古典自由主义立场分崩离析。

报酬与相对业绩之间的联系，凸显了亚当·斯密式竞争过程与查尔斯·达尔文式进化过程之间的分歧，是斯密当代信徒们的观点与达尔文进化论之间的差异。前者认为，竞争力量引导本性贪婪的个体采取有利于实现整个社会利益最大化的行为。相比之下，达尔文的观点是，竞争会塑造出最有利于个体的行为模式。如第 2 章所述，尽管这种行为在某些情况下也会有利于社会整体利益，但并非一贯如此。尤其是，当个人报酬依赖于相对地位时，个体利益和集体利益往往会发生分歧。

如果导致工人接受高风险的力量源于位置性竞争，而不是强势企业主的剥削，那么，自由主义者就没有理由认为，安全管制剥夺了他们的个人选择权。

明智的自由主义者显然还不至于愚蠢到因为限制了签署方无节制制造武器的权利而去反对军备控制协议的地步。因为限制这种权利恰恰就是军控协议的明确目标。而协议的签署者本人也能意识到，如果他们可以自由选择的话，必然会无休止地生产武器。安全管制也是一种位置性军备控制协议，因此，它当然要限制个人选择。最优的选择恰恰就是限制固有的自主选择！

在报酬取决于相对业绩的条件下，我们总会看到形形色色的“军备竞赛”。而且无一例外的是，参与者通过“位置性”军控协议，去限制在其他情况下必然出现的投入相互抵消问题。汽车赛协会限制汽车发动机排量，体育组织限制球队人员数量，学校社区实行强制性入托起始日期规定，等等。

某些自由主义者坚持认为，对大多数人来讲，相对位置并不重要。但这显然是一个必输无疑的论调。即使是最无能、信息量最少的辩论者也能轻而易举地驳倒这个观点。尽管自由主义者最终不得不承认相对位置的重要性，但许多人还固执己见。他们反驳，以位置因素决定公共政策，无异于将嫉妒这样的负面情感予以合法化，进而鼓励这种情感。他们会说，我们在设计公共政策并不会考虑施虐狂者和受虐狂者的偏好，同样，我们也不应该考虑因妒忌等负面情感带来的偏好。

但这同样是一个必输无疑的论点，因为位置因素的存在完全独立于这种情感。根据环境做出评判是人类思维不可否认的天生属性。除非一辆汽车在相同环境下快于大多数汽车，否则我们就看不出它有多快；如果一座房子明显小于同区域内的其他大多数房子，不管其绝对尺寸有多大，我们都会觉得它很小。就像我们在第 5 章里所看到的那样，当环境对评价结论的影响在某些领域大于其他领域时，消费模式就会扭曲。对于房子、珠宝或是汽车之类的环境敏感型商品，人们往往会消费过度，而对于安全性、储蓄及休闲时间等对环境不太敏感的物品，人们往往会消费不足。即使是在完全没有妒忌的世界里，依旧会存在这样的扭曲。

自由主义者或许会进一步声称，累进税侵犯了他们的权利。但就像我们在第 8 章里看到的那样，其他任何形式的税收都会让社会最富裕成员失去他们所偏好的公共物品和私人物品组合。自由主义者或许还会指责，对社会最富裕成员增税将会让经济蛋糕越来越小。但第 10 章的讨论则告诉我们，这种说法根本就找不到现实依据。相反，我们在第 10 章里看到的是，一个设计完美的税收体系反而有助于让经济蛋糕越来越大，因为它可以抑制弊大于利的行为。如果我们每个人都能在婚礼或是其他特殊场合仪式上少花一点钱，我们所庆贺的对象一样会感到快乐而有意义。如果我们每个人都能向大气中少排放一点二氧化碳，我们就可以减少发生灾难性全球气候变化的几率。

正如穆勒始终强调的那样，政府可以合法限制会给他人带来不当伤害的个人行为，但重拳监管似乎永远都不是解决问题最有效的办法。上述污染税的例子启示我们，**加大有害行为的实施成本，往往比直接禁止这种行为更可取**。社会的整体利益在于减少有害行为的总量，而不在于减少某个具体人的有害行为。税收方法在最大程度减少限制性方案的同时，可以实现总成本的最小化，因为它所强调的，就是由成本最低者承担减少伤害的责任。

几十年以来，反对大政府和反对纳税的花言巧语，使得我们始终未能充分发挥这种观点的优势。有些更理智、更诚实的国家，始终在不遗余力地为社会提供有价值的公共服务。每个理性人当然都想生活在这样的政府羽翼之下。好政府并不是凭空而来的，它同样需要精心的培育和滋养。而“饿死这些野兽”这样的惑众妖言，显然没能帮助我们打造出这样一个我们渴望的社会。

我们需要一个好政府，因为个人目标和社会目标之间往往存在尖锐冲突。当冲突摆在面前时，我们当然不应该幼稚地去期待“看不见的手”给我们带来理想的结果。但也不是没有好消息，聪明的税收政策往往可以引导我们在不干预市场的情况下创造出更优结果。只需对有害他人的行为进行征税，我们就可以轻而易举地维护我们的道路和桥梁，而不必在私人消费方面做出痛苦的牺牲。

尽管古典式自由主义立场禁不起认真推敲，但我从不幻想任何理论或者证据能迫使那些痴迷不悟的空想家回心转意。但是在创作本书的过程中，我始终有一个希望，**这本书至少可以说服某些自由主义者，让他们重新认识自己对集体行动的不分青红皂白的盲目批判**。在公共政策的辩论中，那些极力倡导个人自治权的人依旧扮演着关键角色。几乎没有一个人希望政府应该以强制手段，对那些只在某些环境下给某些人带来不快的所有行为均实施管制。相反，对于一个真正有效的政府来说，它只需关注那些能给他人带来直接伤害且受害者不能轻易规避的行为。

拥有这样一个政府，就相当于拥有了一个成功的自由主义福利政府。

实现这个目标，我们就需要新一代自由主义者，在继续为防止政府过度干预而不懈努力的同时，他们甘愿合理约束自身行为。

每一个时代都有它的末日预言家。但是和以往宗教盛行的时代相比，我们绝对是这个星球上最尊重科学和现实的一代人。科学告诉我们，如果不当机立断，以最有效方式扭转全球变暖的趋势，我们将深陷熔炉，让自己化为灰烬。而实现这个目标的政策工具不仅简单，而且易于理解。从根本上说，就是要实行某种形式的高额碳税。而我们为此需要承担的成本同样是可以接受的。

挡在我们前进道路上的是反纳税及反政府的忠实拥护者，尽管他们赖以生存的哲学根本就经不起任何推敲，迟早会被自己庞大身躯所压垮。尽管他们现在依旧是控制这场对话的主宰者，但他们绝非不可战胜。不管成败，我们都应该与之交手。如果在此时此刻选择袖手旁观，有朝一日，当我们回首往事的时候，还能优哉吗？

有些将信将疑的朋友好言相劝：如果相信我们可以做得更好，那显然过于天真幼稚了。他们说，我只是在挑战风车，在做愚蠢的事而已。但就像唐·吉诃德的话带给我们的警示："过于清醒或许就是疯狂，而最疯狂的，莫过于接受现实，而不去想生活本来应该是怎样的。"

致 谢

THE DARWIN ECONOMY

在过去的几年里，我阅读了很多经典作品，并有幸与很多作者进行面对面的交流。最让我感到惊讶的是，在被问及可以向年轻作者提出哪些建议时，他们经常会这样回答："写你自己知道的事情"。有一天早晨，就在我坐下来开始为撰写本书准备素材的时候，突然茅塞顿开："对呀，这就是我还算略知一二的那个题目啊！"

实际上，在2010年5月开始创作这本书的时候，我曾有过很多想法，那时，我最强烈的愿望就是把这些想法付诸实践。虽然概率事件在我们的生活中无处不在，但难以置信的好运气似乎始终光顾着我。

有一次经历尤其令人难忘。多年以来，我和同事兼好友汤姆·吉洛维奇一直保持着一个习惯，那就是在每个星期六早晨到一家室内网球场打上90分钟的比赛。在差不多4年前的一个早晨，我们打完第一盘刚准备交换场地，我突然有一种强烈的呕吐感。之后，我便倒在球场上，完全失去知觉，心脏也停止了跳动。

几天之后，我躺在一家医院的病床上，值班医生告诉我，我刚刚经历了一次突发性心跳停止，他解释说，这种病基本上是要命的，即使极个别的人逃过一劫，也会留下严重的后遗症。

后来，汤姆向我描述了当时的情景。我突然瘫倒在球场上时，他立刻喊人打电话叫急救车。虽然他以前没有接受过任何心脏复苏方面的培训，但毕竟在电视和电影中看到过一点儿，于是他把我翻过来，让我仰面朝天，拼命按压我的前胸，尽管没有任何效果，但他还是继续用力按压，他回忆说，直到过了很长一段时间之后，我才发出一声微弱的咳嗽。

尽管这个网球场的位置有点偏僻，巧合的是，就在15分钟之前，有一辆急救车来过附近。由于调度方面的失误，他们向同一个事故地点派出了两辆急救车，其中的第二辆急救车司机恰好接到网球场打来的急救电话，便调转车头直奔这里。这样，我刚刚昏倒在地，急救车便及时赶到，此时，救护人员已全部作好准备。

尽管我自己也不知道当时停止呼吸到底有几分钟，但最关键的是，我逃过一劫，并在4天之后顺利出院，而且没有留下任何后遗症。两周之后，我和汤姆就重新回到了网球场。对我来说，恢复运动显然不是什么让人望而却步的过程。因为就在几天之前进行的压力测试中，我得到了一个让自己都有点喜出望外的结果，而且我对那次球场事件又没有任何记忆，这些都让我毫无顾忌。但我知道，这对汤姆来说，显然是一次难以忘怀的痛苦经历。

不过，颇有戏剧性的是，汤姆的妻子凯伦·吉洛维奇曾经就是一名急救医生。因此，我怀着无比的感激和热爱，将这本书献给我的这两位挚友。

这本书的完成还要归功于让我自己都觉得有点过分的好运气：能在康奈尔大学谋得一份差事，绝对是我三生有幸。1972年，我开始执教后不久就听说，我所在的系去年只聘用了7名教师，而我就是最幸运的第7人；而该系在以往任何一年里聘用的教师总数都不超过4人。一位同事后来告诉我，当他第二次提议将这最后一个机会给我时，本来就性情不定而且又看好另一个人的系主任大发雷霆，以至于当场把一根粉笔扔向他。而我在当时已确认可以得到的唯一职位，是中西部一所不太知名的大学，那所学校对我来说没有任何挑战性，因为我随时都可以去上任。

好运气不仅让我在康奈尔大学谋到了一份好差事，还让我守住了这份工作。在康奈尔的第4个年头里，我唯一发表的论文还是和我的研究生同学合作完成的，除此之外，我连一篇值得投稿的文章都没有。在那一年，经济学家内德·格拉姆利克（Ned Gramlich，美联储前任理事。——译者注）离开布鲁金斯学会（Brookings Institution）来到康奈尔大学经济系，并在这里任教两个学期。我们很快就成为好友，尽管我在当时显然还缺乏令人信服的研究成果，但他似乎很看好我的潜质。有一次，内德问我是否愿意为他正在编辑的一本书写一篇文章，我欣然同意。为了赢得内德的好感，我确实费了很多心思准备这篇文章。

就在我的文章接近完工时，内德拉着一张脸找到我，面色沉重地向我道歉：他的出版社刚刚决定取消这本书的出版计划。虽然这让我倍感失望，但我还是怀着侥幸的心理把这篇文章发了出去，6个星期之后，我的文章被《计量经济学》（*Econometrica*）接受了。当时，这本杂志已是经济学顶级期刊。对于一名经济学家来说，能在这样的期刊上发表一篇论文，在专业上的权威性显然不是一次性刊物所能相提并论的。

我在康奈尔大学的第5个年头似乎硕果累累，我的5篇论文很快被《美国经济评论》（*American economic review*）、《政治经济学杂志》（*Journal of Political Economy*）及另一份经济学顶级期刊采纳，而且未经任何修改。在此后的几十年里，我的其他文章再也没有遇到这么好的运气。这只能说，我很走运，而且是纯粹的运气。

对学者而言，能有机会与世界上最优秀的学生与教师共事，绝对是千载难逢的机会。在康奈尔大学这样的名校里度过职业生涯，给我的职业发展带来了巨大的成功。我始终认为，在其他很多地方或许会让我生活得更快乐，但我或许永远也没有机会和能力写出这本书。

此外，我还要感谢我的妻子艾伦·麦考利斯特（Ellen McCollister），在我创作这本书的过程中，她表现出了极大的耐心和支持。艾伦已经多次体验过这样的经历，虽然她也会和所有人一样变得厌倦焦躁，但她总有办法把这种情绪悄然无声地掩藏起来。很多经济学家习惯于把大量的精力用来证明数学理论。但是在通过文章反映现实生活的过程中，我最喜欢做的事情就是能有机会与艾伦讨论我的问题，她的睿智和洞察力总能让我茅塞顿开。

还有很多人给予我巨大的帮助。在这里尤其要感谢布鲁斯·布坎南 (Bruce Buchanan)、加里·伯克（Gary Burke)、菲利普·库克（Philip Cook)、泰勒·考文（Tyler Cowen)、李·芬奈尔（Lee Fennell)、泰德·费雪（Ted Fisher)、克里斯·弗兰克（Chris Frank)、赫伯特·甘斯（Herbert Gans)、斯里纳盖什·加沃奈里（Srinagesh Gaverneni)、汤姆·吉洛维奇（Tom Gilovich)、马克·格罗杰（Marc Groeger)、亨利·汉斯曼(Henry Hansmann)、奥里·海夫茨(Ori Heffetz)、莫里茨·休谟（Moritz Heumer)、鲍勃·霍克特（Bob Hockett)、玛丽亚·瓜达鲁普（Maria Guadalupe)、格林汉姆·科斯里克（Graham Kerslick)、马克·克雷曼（Mark Kleiman)、吉姆·拉克特（Jim Luckett)、大卫·莱恩斯（David Lyons)、迈克尔·马丁（Michael F. Martin)、莱克斯·梅克森（Rex Mixon)、森德希尔·穆拉伊纳丹（Sendhil Mullainathan)、汤姆·内格尔（Tom Nagel)、马修·内格勒（Matthew Nagler)、迈克尔·奥海尔(Michael O'Hare)、萨姆·比齐加迪(Sam Pizzigat)、凯特·鲁宾斯坦（Kate Rubenstein)、蒂姆·斯坎伦（Tim Scanlon)、埃里克·舍恩伯格（Eric Schoenberg)、菲利普·希曼（Philip Seeman)、拉里·辛德曼（Larry Seidman)、彼得·辛格（Peter Singer)、杰夫·索曼（Jeff Sommer)、第蒙·斯佩鲁蒂尼（Timon Spiluttini)、唐凯（Kai Tang)、史蒂夫·特莱斯（Steve Teles)、菲德尔·特沃尔德（Fidel Tewolde)、迈克尔·瓦德曼（Michael Waldman)、大卫·斯隆·威尔森（David Sloan Wilson)、萨斯基亚·维特雷克（Saskia Wittlake）以及安德鲁·威利（Andrew Wylie)。当然，本书的任何错误都不是他们愿意看到的，我必须要为此承担责任。

最后，我还要感谢普林斯顿大学的彼得·多尔蒂（Peter Dougherty）和赛斯·迪切克（Seth Ditchik）最初对本书的鼓励和支持，感谢他们充满智慧的建议。没有他们的帮助，我的很多想法就无法汇成这本书，并最终面世。我为本书最初选择的名称是“自由主义者的福利政府”。假如现在的这本书能得到读者的认可，那么，我必须要感谢彼得和赛斯，是他们说服我放弃了这个书名。当然，这也离不开迈克尔·马丁（Michael F. Martin）的刺激，这个名字还是被我保留了下来，成为第12章的题目。

我另外想到的一个书名是“夹塞的达尔文”，这个名字最终也变成本书第2章的标题。我喜欢这个标题所反映的个体利益和集体利益之间的分歧，这不仅是我想表达的主题思想，也是达尔文最清楚的基本原则。此外，我认为陌生感会让这本书显得含蓄而耐人寻味。在一次晚餐上，我把自己的想法讲给几位朋友，准备听听他们的看法，其他人还没来得及说话，我妻子率先说，她想到的第一个名字就是“夹塞的达尔文”。随后便是一阵哄堂大笑。第二天早晨，我便写信给彼得·多尔蒂，并在信中告诉他，我们准备接受他的建议，将本书命名为《达尔文经济学》。

短信查询正版图书及中奖办法

A．电话查询

1．揭开防伪标签获取密码，用手机或座机拨打 4006708315；

2．听到语音提示后，输入标识物上的 18 位密码；

3．语言提示：您所购买的产品是深圳市中资海派文化传播有限公司出品的正版图书。

B．手机短信查询方法（移动收费 0.2 元 / 次，联通收费 0.3 元 / 次）

1．揭开防伪标签，露出标签下 18 位密码，输入标识物上的 18 位密码，确认发送；

2．发送至 13825050315，得到版权信息。

C．互联网查询方法

1．揭开防伪标签，露出标签下 18 位密码；

2．登录 www.801315.com；

3．进入“查询服务”“防伪标查询”；

4．输入 18 位密码，得到版权信息。

中奖者请将 18 位密码以及中奖人姓名、身份证号码、电话、收件人地址和邮编 E-mail 至 szmiss@126.com，或传真至 0755-25970309。

一等奖：168.00 元人民币（现金）；

二等奖：图书一册；

三等奖：本公司图书 6 折优惠邮购资格。

再次谢谢您惠顾本公司产品。本活动解释权归本公司所有。

谢谢您购买本书！顺便提醒您如何使用 ihappy 书系：

- ◆ 全书先看一遍，对全书的内容留下概念。
- ◆ 再看第二遍，用寻宝的方式，选择您关心的章节仔细地阅读，将“法宝”谨记于心。
- ◆ 将书中的方法与您现有的工作、生活作比较，再融合您的经验，理出您最适用的方法。
- ◆ 新方法的导入使用要有决心，事先做好计划及准备。
- ◆ 经常查阅本书，并与您的生活、工作相结合，自然有机会成为一个“成功者”。

<table>
<tr><td rowspan="8">优惠订购</td><td colspan="2">订阅人</td><td></td><td>部门</td><td></td><td>单位名称</td><td></td></tr>
<tr><td colspan="2">地址</td><td colspan="5"></td></tr>
<tr><td colspan="2">电话</td><td colspan="3"></td><td>传真</td><td></td></tr>
<tr><td colspan="2">电子邮箱</td><td></td><td>公司网址</td><td></td><td>邮编</td><td></td></tr>
<tr><td>订购书目</td><td colspan="6"></td></tr>
<tr><td rowspan="2">付款方式</td><td>邮局汇款</td><td colspan="5">中资海派商务管理（深圳）有限公司
中国深圳银湖路中国脑库 A 栋四楼　　邮编：518029</td></tr>
<tr><td>银行电汇或转账</td><td colspan="5">户　名：中资海派商务管理(深圳)有限公司
开户行：招行深圳科苑支行
账　号：81 5781 4257 1000 1
交行太平洋卡户名：桂林　　卡号：6014 2836 3110 4770 8</td></tr>
<tr><td>附注</td><td colspan="6">1. 请将订阅单连同汇款单影印件传真或邮寄，以凭办理。
2. 订阅单请用正楷填写清楚，以便以最快方式送达。
3. 咨询热线：0755－25970306转158、168　传　真：0755－25970309
E□mail: szmiss@126.com</td></tr>
</table>

→利用本订购单订购一律享受 9 折特价优惠。

→团购 30 本以上 8. 5折优惠。